MILLION DOLLAR COACHING

教练的商业思维

BUILD A WORLD-CLASS PRACTICE
BY HELPING OTHERS **SUCCEED**

[美] 艾伦·韦斯 / 著　　李海峰　　曲十三　　张智豪 / 译

清华大学出版社

北　京

Alan Weiss

Million Dollar Coaching: Build a World-Class Practice by Helping Others Succeed

978-0-07-174379-2

Copyright © 2011 by McGraw-Hill Education.

图书在版编目 (CIP) 数据

教练的商业思维 / (美) 艾伦·韦斯 (Alan Weiss) 著；李海峰，曲十三，张智豪译 . —北京：清华大学出版社，2021.5(2023.1重印)

书名原文：Million Dollar Coaching: Build a World-Class Practice by Helping Others Succeed

ISBN 978-7-302-58024-9

Ⅰ.①教⋯　Ⅱ.①艾⋯ ②李⋯ ③曲⋯ ④张⋯　Ⅲ.①商业经营　Ⅳ.① F713

中国版本图书馆 CIP 数据核字 (2021) 第 087325 号

责任编辑：陈　莉　高　屾
封面设计：周晓亮
版式设计：思创景点
责任校对：马遥遥
责任印制：宋　林

出版发行：清华大学出版社
　　　　　网　　址：http://www.tup.com.cn，http://www.wqbook.com
　　　　　地　　址：北京清华大学学研大厦 A 座　　　　邮　编：100084
　　　　　社 总 机：010-83470000　　　　　　　　　　邮　购：010-62786544
　　　　　投稿与读者服务：010-62776969，c-service@tup.tsinghua.edu.cn
　　　　　质量反馈：010-62772015，zhiliang@tup.tsinghua.edu.cn
印 装 者：三河市铭诚印务有限公司
经　　销：全国新华书店
开　　本：148mm×210mm　　　　印　张：7.375　　　字　数：192 千字
版　　次：2021 年 6 月第 1 版　　　印　次：2023 年 1 月第 2 次印刷
定　　价：56.00 元

产品编号：090473-01

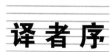

译 者 序

　　非常多的优秀的授权讲师向我推荐艾伦·韦斯的书，我也在微信群里对其做过系统且深入的分享。这次有机会组织翻译他的书，我感到非常荣幸。

　　作为 DISC+ 社群联合创始人，自 2015 年开始，我亲自认证了超过 5 000 位 DISC 授权讲师。很多人来参加 DISC 授权讲师认证，是因为热爱这份事业，也因为这份职业稳定。真正的稳定，不是在一个地方吃一辈子饭，而是一辈子在哪里都有饭吃。

　　2021 年 1 月 8 日出版的《人民日报》上，刊登了一篇《副业也有大能量》的评论，鼓励"副业创新"。在我看来，这其实是鼓励多元化职业的生存发展。如果大家能把未来的个人竞争力放在通用软技能的专业发展上，往往可以做到"副业变现，主业变强"。

　　我们的 DISC 授权讲师，一见面就喜欢问：你赚回学费了吗？

　　我们当然知道，有没有赚回学费不是衡量一个课程好坏的唯一标准，但是对于技能型课程来说，能否转化为生产力工具则是很重要的评价标准。赚回学费，以及持续赚回 N 倍学费，就不会让自己停留在考核自身的能力上，而会要求你打造出自己的交付系统、营销系统和运营系统。

　　这一切都离不开良好的商业思维。

　　一个专业人士，一旦有了良好的商业思维，他的人生之路就会顺利前行。

对于很多人来说，培训师是一个很好的选择，因为职业讲师的收入较高，哪怕只在周末做几场培训，也会收入颇丰。

同时，我也看到，很多人除了做培训师，还可以做很好的演讲家，成为很好的教练，成为很好的咨询顾问。他们知道诀窍，身法灵活。

他们常常提到一个人：艾伦·韦斯。

韦斯博士被同行视为传奇，美国纽约邮报称其为"美国最受尊敬的独立咨询师"。他把自己很多的实战经验做了系统的梳理和总结。他获得了美国出版协会终身成就奖，并入选专业演讲协会名人堂。

他是一名实战专家。你手上的这本书来自他的百万美元系列图书，他把这套书的目标定为"帮助你的银行账户增加一百万美元"。

这套"商业思维"的译本涉及"教练""咨询顾问""演讲家"三个职业的相关内容，重点探讨的是如何"营销"，如何实现商业化，即作为专业人士，无须常常超额完成工作，也可收入不菲。

这套书出自同一位作者，作者结合多个方面进行综合讨论。我建议你三本一起看，能够更好地建立自己的商业思维体系。

译本尽量尊重作者原意。而对于很多问题的具体看法，大家可以通过译者的微信与译者团队直接沟通，我们会通过提供免费资料、举办线上共读会和做线下演讲及培训等方式来做分享。

赚钱不是终极目的，通过工作实现我们的价值感和幸福感才是多数人的追求。

脉脉数据研究院发布的《人才吸引力报告 2020》中，幸福指数排名第一的行业是"教育 / 培训 / 科研"。具备商业思维的专业人士是可以实现物质、精神双重富足的。

追求自由和意义的动力和与盈利性工作相结合的机遇将超出你的想象，未来新的工作杠杆支点是你的专业能力和你的商业思维。

面对变革，是选择对抗还是接受，这由你决定。机会不会永远存在。越早出发，你具有的竞争优势就越大。

译者

前　言

作为一种发展工具，教练^①的实际功效和重要性正面临着被人们忽视的危险，有可能沦为经常享用的美食（例如鸡肉）或美酒（例如梅乐酒）。接受教练服务已经变成一种"享受"。

现在，我们必须终止这种谬论，这也正是本书接下来所阐述的主要观点。

在从业之初，我和很多同行经常教练各类高管人员和经理人，这是我们工作内容的一部分。我们从来没有想过干这一行需要专业的证书、独立的方案或专门的方法。我们只是教练并建议人们如何更有效地应对各种变化或改进。

这是我们的必然选择。实际上，处于动态环境中的所有人都愿意接受这种建议，因为大家都希望在咨询师与客户之间的合作关系中获得最大的成功。

有时候，人们只是简单地要求通过教练提高自己的演讲技巧、销售能力或应对客户投诉的技能等。这些听起来非常简单，但实际上非常有效，因为我们理解了组织的实际状况，例如反馈循环系统、薪酬政策、职业发展、继任计划、变革管理以及优秀咨询师眼中的其他工

---

① 译者注：在本书的翻译过程中，该如何表达"coach"一词的动词形式，一度让译者团队苦恼，毕竟按照中文的表达习惯，"教练"一词多为名词，罕见用于表达动作。最终是词典帮我们解决了这一难题，《现代汉语词典》对"教练"一词的解释是："❶囝训练别人使掌握某种技术或动作（如体育运动和驾驶汽车、飞机等）：～车|～工作|～得法。❷图从事上述工作的人员：足球～。"因此，本书中文翻译版的"教练"一词也用作动词。

具等。

如果你在 Google 网站上搜索"教练",将得到 6 100 万条结果;如果你搜索"教练协会",将得到 360 万条;如果你搜索"教练学院",将得到 700 万条。现在,你明白了吧!教练已经变成一种产业或时尚,而不仅仅是一门学科或组织规范。

在接下来的内容中,我将讨论教练中的这些改进和取得的成果,以及你在帮助其他人时获得的价值,进而解释如何进行高效的教练工作,并从中获得利润。这是一种非常崇高的职业追求,帮助他人提升绩效可以为你带来很多益处。

教练学院和教练协会可以帮助你得到很多头衔,2 美元可以帮助你乘坐一次公共汽车,而我的目标是帮助你成为成功的教练。

这将让你过上轻松舒适的生活!

艾伦·韦斯

罗得岛州东格林尼治

目　录

第 **1** 章

究竟哪些人是教练

如果你对此不太清楚的话，不要担心，我也不是很清楚。

谁来证明这些证明者

有一位很知名的教练，她从20世纪90年代开始从事这个行业，那时她没有任何从业经验或相关的大学教育背景，而且对如何着手工作毫无头绪。当我造访某些现有客户和潜在客户时，她提出能否与我一起去，以便深入了解这项工作的真正内容。

出于善意，我爽快地答应了。

几周之后，她觉得自己已经得到充分的训练，并问我能否做些什么来回报我。我向她承诺我很高兴做这些，她不需要为我做任何事情。但是，她仍坚持要为我做些什么。

"我肯定能为你做一些教练工作，请告诉我，你一直很想做却从未实现的事情。"

我感到有些不耐烦，因此对她说："好吧，我很想主持一档常规的广播节目。之前我曾经主持过一两次，但我希望能拥有一档每日播放的节目。"我估计她不太可能帮助我实现这一点，但我觉得那也无所谓。

"好的！"她说，"我将在几天之内开始做这件事，用我学到的教练技巧来帮助你。"

4 天之后，我收到了她的来信，信封内是一张卡片，上面写着 (绝非我虚构的)：

"**每天早上说三次'我将拥有一档广播节目，我将拥有一档广播节目'，你会在不知不觉中实现自己的梦想。**"

虽然我现在还没有自己的广播节目，但我深知，教练这一"职业"可能是非常荒谬和浅薄的。(记住，这个人曾多次出现在电视节目和平面媒体上。)

在一则经典的 5 分钟系列喜剧中，鲍伯•纽哈特 (Bob Newhart) 扮演了一名临床医学家，他每次总能在 5 分钟内完成治疗，每分钟收取 1 美元。当一名女士表示自己害怕被装在盒子里埋掉时，鲍伯说有一个两字药方。这名女士赶紧拿出笔记本准备记录，只听鲍伯大喊道："住手！"女士又说她还有很多其他问题，鲍勃每次都喊道："住嘴！"当这名女士表示她对鲍勃的治疗很不满意时，他放慢速度并给她开出一个 15 个字的药方："住嘴！否则我将把你装在盒子里埋掉！"

教练究竟包括哪些组成部分？我可以告诉你们：教练不仅仅是参加一个项目后获得证书和其他令人难懂的头衔。任何政府部门或学术机构都没有明确指出，通过此类教练项目，可以培养出最优秀的教练。

有时候，我不得不要求人们"住嘴"(纽哈特式做法)，同时要求他们停止发牢骚或抱怨。不过，有时候我也不得不谨慎地向一名部门经理解释，他个人工作效率降低的主要原因是患上了临床忧郁症，而且他的病症急需治疗。若要改进这类极端情况，通常需要一名称职的教练。

我首先需要告诉你们的是，很多人 (虽然并非每个人) 都可以教练他人。基本的技巧和做法是可以通过后天学习掌握的，并不是与生俱来的，但是它们并不是通过照例做过什么或支付一笔教练费就能自动获得的。

我不但接受过深层次的教练，而且帮助教练过全球各地的教练，包括组织内部的和组织外部的。

下面是我总结的教练的主要特征。

1. 技巧

▶ 高技能的、敏感的聆听能力。

▶ 超强的语言沟通能力，既要有技巧，又要坦诚率直。

▶ 观察他人行为和确定认知失调状态的能力。

▶ 制定行为目标和成功标准的能力。

▶ "台前 (frontstage) 与幕后 (backstage)" 相结合的咨询服务。

▶ 移情，但有别于同情 ①。

▶ 至少具备基本的咨询素质和掌握组织知识。

2. 行为

▶ 处事果断，在需要的情况下能打破常规。

▶ 说服力强，能够影响和说服他人。

▶ 有适度的忍耐力，认真聆听，但不会丧失劲头。

▶ 可做适度的细节导向工作，追踪过程，而不是过度分析。

▶ 高度诚信，保持机密性。

▶ 有区别轻重缓急的能力，可综合考虑他人的行为。

▶ 拥有健康的心态，确信可以帮助他人，但绝不可能是"救世主"。

3. 经历

▶ 曾经成功地教练过自己。

▶ 拥有在组织中任职的经历。

▶ 可以与潜在客户互动。

注意，上文没有对年龄或经验值提出要求。很明显，年轻人

---

① 不必亲身去感知，而是直接理解他人的感受，进而得出较为客观的回应，而不仅仅是同情。

可能没有时间去获得这些必要条件，但这又并非毫无可能。很多成年人把教练看作第二职业，他们尽管具有多年的工作经验，但仍然缺乏某些必要条件。

> 别再把培训看作某种伪科学或者无比崇高的追求。它仅仅是与客户之间的临时合约，目的是帮助他（她）获得提高或做出改进。如果你正在阅读本书，你可能有机会从事培训工作，如果你继续阅读的话，你可能会做得非常好。

教练包括具体的教练内容、活动和课程，通常会关注如何帮助他人在某些活动中表现得更好。所有这些可能都是真实的，但我更倾向于：

> 教练可以帮助他人通过改进行为和表现来达到双方共同设定的预期效果。

因此，假设你正在对我进行教练，我们一开始就设定了我所能达到的改进程度（产出或结果）以及确定达到这种程度的方法（衡量标准或指标）。如果我们一开始没有设定这些内容，那么如何才能知道我们正在做出改进或朝着正确的方向努力呢？

正是由于上述原因，我觉得"生活教练"和其他类似的称呼毫无意义。这意味着什么？你要帮助我改进我自己的"生活"？我认为，大多数这样的教练根本不是教练，但是，有些人预先确定的选择正是教练所提出的，因此他们会支持这些教练或其他类似的职业者。教练之所以会发展成为一门伪独立的学科，部分原因是它在某种程度上类似于"宠物石头（pet rock）"：这种标志可以证明你拥有一名私人教练，但并不能说明这名教练是否有用或者你是否真正采纳过他（她）的建议。

这就好比你收藏的一件艺术品，你可能根本不喜欢或不理解它的价值，但你想让其他人认为你能买得起。

我认为我们根本不需要任何"时尚"的矫饰，而且教练与"来世论"毫无关联。相反，我们需要秉持一种"职业帮助"的态度。"职业"，因为阅读本书的任何人可能都希望通过为客户带来价值或帮助其改进状况而得到报酬。"帮助"，因为我们应该改进客户的状况。对我们来说，"至少不要伤害他人"的誓言是远远不够的。如果客户的状况没有得到改善，那么我们就不应该得到报酬。

我们的任务和价值在于改进客户的状况。这需要一个明确的起点、中间步骤和双方商定的合约解除条款。如果教练起点模糊不清，你将无法为客户设定明确的改进目标，这将造成"相互依赖"的不健康状态。

关于教练的早期定义，其实非常符合现代思维。1830 年，牛津大学开始使用术语"教练"来表示指导者。正如你所想到的，该术语在 1831 年开始用于体育界 (称之为"教练")。不过，"教练"一词的开始使用时间远远早于人类有文字记载的历史，这是毫无疑问的，例如一个人可以教练另一个人种植甘蓝、逃避老虎的袭击或者处理伤口等。

尽管我无法证明这一点，但是我确信原来的这些教练都没有任何头衔，他们甚至可能连名字都没有。

如果你想知道自己是一名多么优秀的教练，请查阅附录 A "我的教练商数 (CQ) 有多高"。

教练与导师之间的差异

当一个人向其他人提出建议时，他 (她) 可能会承担多种不同的角色。例如，一名拥有博士学位甚至医学博士学位的临床医师，提供的帮助可能涵盖从对教育和环境的研究到性别认知，从 50 分钟一个疗程的诊断到开处方药。一种极端情况是"讨论广播"(talk radio) 的现场连线节目，听众将接受现场"诊断"，并由不具备专业资质的人员提供治疗方案。(实际上，这样的"医生"拥有生理学或类似学科的博士学位，就好像著名的电视"气象学家"拥有视光学博士学位一样。)

我们不考虑这些极端情况，否则我将需要研究笔迹学、无效的人格测试、幸运饼、星象学、茶叶、占卜学和心理学等。(这使得我再次想起：为什么专业的心理学家需要使用移动电话？) 目前，很多自封的导师或顾问不在我的研究范围之内。

因此，我们只剩下两个很常见但容易混淆的概念：教练和指导。它们值得我们进行探讨，并加以区分。

我既做过教练，也做过指导，而且现在仍然在做。我开办了一个全球性的指导项目，已经培育了多名"大师级的导师"。因此，对我来说，理解上述两个概念之间的差异是很重要的。

组织内的导师 (mentor) 通常是一名上司，但是被指导者不必向其汇报工作。导师通常处于完全不同的等级制度中，他们在大型组织中比较常见，因此此类组织一般设有正式的导师体制。通常，公司会给具有较高潜质的员工配一名导师，帮助他 (她) 解决在文化、政治和伦理方面可能遇到的困难。这种指导是非正式的，而且实际上是附属性的。在警察局，导师通常被称为"大师 (rabbi)"，主要负责管理员工福利。

在组织以外，导师通常为创业者、小型企业主和专业的服务供应商提供帮助。这是一种一对一的关系，可以是正式的，也可以是完全非正式的。

如果这种关系是非正式的，我们会听到这样的说法："当我帮助客户解决他们的战略问题时，彼得·德鲁克 (Peter Drucker) 就是我真正的导师。"这样的说法意味着两者之间不具备正式的关系，更不可能存在私人关系，只是说明个人受到了德鲁克作品的激励、指导或从中得到信息。

如果这种关系是正式的，我们会听到："我受到了玛丽亚·戈梅

兹 (Maria Gomez) 的指导。"这意味着此人与导师之间存在私人关系，或者很可能 (尽管不必要) 需要支付相关费用。(有时候我不得不督促那些自称得到我指导的人，因为他们阅读过我的作品或参加过某些研讨会，而这意味着他们参加过我的正式教练项目。但是，我不允许他们为了显示身份或标榜自己而这么做。)

> 不要将导师和教练混为一谈。这样做不但会混淆这两种职业，而且如果你鼓励自己的客户这样做的话，你可能会得到较低的酬金。请继续阅读本书！

表 1-1 展示了教练与导师之间的明显差异。

表 1-1　教练与导师之间的明显差异

属性	教练	导师
主动性	有时主动，有时被动	主动
范围	可以面向多人	只面向个人
周期时间	设定具体的持续时间	无时间限制
主要特点	定期互动	随时沟通
距离	很难远程进行	易于远程进行
酬金	基于对客户的价值	基于酬金
责任	指导发展	引起共鸣
技能	过程和内在	两者之一
主要客户	组织	创业者
专业化	是的 (很遗憾)	不相关
经验	不需要从事过这项工作	必须从事过这项工作
进入难易度	容易	困难

一般说来，导师都是经验丰富的成功人士，他们可以提供相关行业中不需要实际内在技术的知识和见解。与此不同，教练通常需要较强的过程技能以及相关内容的已论证知识。(内容是指正在讨论的任务，而过程是指如何完成所讨论的任务。生产轮胎属

于内容范畴，制订决策则超出了内容范畴。)

我认为，将教练细分为"生活教练"和其他教练是非常愚蠢的做法。即使你能凭空想象出一个定义，但是怎么样才有资格成为一名生活教练呢？是那些有过生活经历并因此能够提供实际建议的人，还是那些因为生活过于优越而受到他人嫉妒的人？我发现，大多数生活教练都在炫耀他们需要做一些有益的事情。

在你对此表示不满之前，我要说，我知道体育界的教练属于完全不同的类型，而财务教练主要关注某一点内容——可以做出让步的方面。但是，你在阅读本书之后将进入职业教练领域，或者帮助你在这个领域获得成功。因此，你需要理解其中的主流思想，不要担心其他次要的内容，这是至关重要的。(我的私人教练指导我进行训练，他称自己为私人教练；而我的财务教练称自己为财务战略家；我从没有听到我的律师称自己为法律教练。)

人们有充分的理由需要自己的教练，我们接下来将讨论这一点。你可能认为我在区分教练和导师方面存在错误，或者你可以提出两者之间的更多差异。没关系，我所要传达的信息是教练本身属于高尚的、重要的职业，不需要进一步专业化或划定界限，而且不需要为此而辩解。

不论处于哪个领域，所有优秀的教练都渴望改进客户的状况。在大多数情况下，这需要教练有一定的控制力，但不需要有力量。我将以体育教练 (教练) 为例来说明这一点：乔·麦卡锡 (Joe McCarthy) 是纽约扬基棒球队的经理，他曾经在击球练习时向一名记者表示，球手梅尔·奥特 (Mel Ott) 曾经打出他所见过的完美挥杆。

"你指出这一点时，他是怎么说的？"记者问道。

"哦，我从没有告诉过他，"麦卡锡说，"否则我就会令他感到不自然，他可能会开始考虑这个问题。"

导师没有必要担心这种重要的差别，但教练会担心：是否要让某人独自进入"无意识、有能力"的状态，引领其进入这种状态，或者引领其从后面的状态返回之前的状态，这些决策都是成功教练才会做出的。在与导师进行沟通时，双方之间的对话通常是围绕"无意识、有能力"状态展开的。

　　但是，真正的教练有机会，而且也有责任处理更多的问题或状况。

我们为什么需要教练

　　教练将永远存在下去，因为人们一直需要教练。我们所讨论的不只是短暂的改进，类似踩在炭火上或者力量冥想。人们需要教练的原因包括以下几点。

- ▶ 他们确认一种需求。
  - 他们经常在某些领域失败。
  - 他们希望成为"群体"的一分子。
  - 他们需要一个理由 (即使我的教练也无法帮助我)。
  - 他们希望得到更多的未来利益。
- ▶ 其他人确认一种需求。
  - 他们会无意识地造成问题。
  - 他们是共用项目计划的一部分 (所有人都在这个层次上接受教练)。
  - 他们被确认为需要提升。
- ▶ 他们的条件和需求发生了变化。
  - 他们"变得多余"。
  - 他们决定改变公司或职业。
  - 他们需要新的技术能力和行为方式。
  - 他们必须掌握新技术。
- ▶ 问题就是什么改变都没有发生。
  - 他们不知道自己不知道哪些方面 (刚毕业的大学生)。

- 除非他们接受其他人正在接受的教练，否则肯定不会获得成功。

▶ 有一种天生的人性需要改进。

- 他们需要在自己的爱好方面(如鲈鱼钓法)做得更好。
- 他们厌倦了当前的状况。
- 他们希望确保没有错失什么。
- 他们希望参与竞争(投机商、竞技者)。
- 他们希望炫耀和提高自我满足感。

▶ 他们自己本身就是教练或老师。

- 他们需要占据该过程的领先位置。
- 他们需要打造出色的行为榜样。
- 他们是自身的实验室。

▶ 他们希望证明自身的价值和成功。

- 他们希望避免自满情绪，即使他们已经非常成功。
- 他们需要外界认可他们的价值。
- 他们缺乏其他类型的支持网络和反馈模式。

既然有了这些需求，你在这项职业中怎么会不成功呢？

我承认上述某些需求可能存在交叠，但是为了自身的技能发展和营销计划，我们需要认真考虑这些需求。下面是一些实际案例。

① 选美竞赛和拼字游戏的参与者不能仅仅依靠自己天生的技能、才能或外貌赢得比赛。他们不可能获得成功，除非在技能、技艺、判断力等方面得到专业教练。在参加游戏节目"危险边缘(Jeopardy)"时，我通过初试阶段后惊奇地发现，所有的参赛选手都在学习和练习。他们就像赛场上的运动员，不仅仅为了获得成功。(我在第一轮就输给了来自艾奥瓦州的服务生。)

② 随着人们越来越重视入学考试，学术能力评估测试教练(简称SAT教练)变得炙手可热。尽管重视程度后来有所降低，但是我们仍然看到全世界很多人都在为通过标准化的考

试而接受教练。我的一名客户只负责帮助其他人通过律师执照考试，通常需要得到法律学校的推荐和支持。

❸ 即使你自身是一名律师，也不能担任自己的辩护律师。同理，你也不能担任自己的教练。我经常帮助时间管理专家处理时间管理问题，帮助营销专家处理营销问题，也会帮助销售专家处理销售问题。优秀客户需要的是决策咨询团队。

> 不要认为培训肯定能发挥矫正作用，或者肯定能够解决存在的问题。最聪明的人会通过培训来避免出现自满心态。

❹ 上司通常需要得到外界的认可。咨询团队可能会要求高层管理者接受教练，这并不是因为他们犯了错误或遭遇失败，而是因为他们做得非常好。这种尝试是为了确保高层管理者能不断迎接挑战，而他们的能力可以不断得到强化。我曾经教练过一家药品公司的首席执行官，他在教练结束时问我是否认为他能够担任某大型制药公司的首席执行官，而这家大型制药公司的首席执行官也是我的客户。我向他保证他肯定没有问题。但是，这仅仅是因为他需要这种保证，正如董事会需要知道他能胜任其职位一样。

❺ 表现优异者通常会与教练建立密切的关系。运动员、演员、企业高管、执行董事、酒店经理、餐馆经理等都表现得非常优秀，他们主要通过不断接受挑战来保证持续的成功。如果缺乏竞争的话，表现优异者需要其他激励因素和推动力来实现更高水平的成功。惠普公司的一名客户曾经说过："我们经常聘请咨询顾问，并不是因为公司经营不善，而是因为我们要提防缺乏创新。"对于个人和教练而言，道理是一样的。正如撒切尔·佩吉 (Satchel Paige) 所说的："不要回顾过去，有些人可能已经赶上并超越您了。"

❻ 我们周围有太多的"好好先生"。如果你希望得到中肯

的反馈，那么你需要咨询所在组织之外的人，或者其他没有任何相关利益的人。政客们因听从不道德人士的意见而臭名昭著，这些人士只会说政客们希望听到的话，而且他们经常展开激烈的辩论或极力破坏新闻中的候选人演讲片断。因此，这也是詹姆斯·卡维尔 (James Carville) 和玛丽·马塔林 (Mary Matalin) 等知名政界教练受到重用和聘金高昂的原因，他们会给出中肯的建议，而且也不打算在下届政府中谋取什么职位。

教练并不是一项特殊活动，而是个人发展和职业发展中的潮流趋势。在你阅读本书时，这种重要的发展倾向将持续存在，尤其是在营销推广和服务费方面。你所介绍的并非特别的、罕见的干预方式，就好像体检、环球旅行或牙齿矫正术等一样。你正在建立一种正常的关系，而且这种关系是某人发展过程的一部分。这意味着你的教练并不是无限的，但是它可以是周期性的。

正如看牙医不用感到尴尬或参加商业会议没有奖励一样，教练是一种值得向往的、颇有价值的经历。你不能将其定位为矫正性的行为，或者对表现偏差的反应，尽管有时候事实的确如此。你必须将其定位为自信、投资和力量的标志。组织不会投资于它们认为毫无价值的人。

最后，我们来讨论一下从未受过教练的后果，就好像人们对从未看过牙医、从未走出家门或饮食不善等问题的看法，这些都是不断发生的常见谈话。

▶ 多年前的方法可能已经不再适用，尽管有些人仍然采用已经过时的方法，想知道"今天的客户""年轻员工"或"当前的经济"究竟出现了什么问题。

▶ 竞争越来越激烈，而个人只是在自己所擅长的领域中做得更好。

▶ 人们逐渐变得偏执和孤立，而且越来越多的人对此深信不疑，从而进一步恶化了个人与组织之间的隔离状态。

▶ 成为一名教练是非常困难的。咨询专家艾德加·施恩 (Edgar Schein) 曾经说过："如果你想理解某些知识，那么就努力去讲授这些知识。"我在这里再增加一句："如果你想帮助其他人理解某些知识，那么就试着教练他们。"但是，如果你本人还没有成为榜样或没有经历过这个过程，讲授或教练对你来说都是很困难的。

▶ 你永远无法充分利用自己的成功。我们时刻为失败做好准备，但我们很少制订充分的成功计划。我们害怕困难或问题，但是我们不会因为机遇而欢欣鼓舞。如果缺乏教练的话，我们在成功之后经常不知道接下来该做什么。我们丧失了力量和前进的动力。

▶ 我们不会得到"最佳做法"，而且我们通常会迷失未来，或者对未来的反应要迟于其他人。如果我们想获得成功，就需要外在的推动力。

如果这些理由还无法帮助你理解教练的重要性和必要性，那么我不知道还有哪些理由可以说服你，建议你放下本书，并从事其他行业。仅仅知道对方有教练"需求"是远远不够的，你必须明确你对其他人的重要性、你为其他人和组织所提供的巨大价值，以及对他们个人生活或职业生涯的帮助。

为什么优秀运动员通常无法成为优秀教练

纵观人类发展的历史，一名优秀运动员发展成为优秀教练的概率相对较低。文斯·隆巴迪 (Vince Lombardi) 是"绿湾包装工"橄榄球队被神化了的知名教练，他之前曾是福特翰姆 (Fordham) 足球队的成员，仅此而已。沃尔特·阿尔斯通 (Walter Alston) 曾执教道奇队达二十余年，但他仅仅参加过一次美国职业棒球大联盟的比赛，而且因三击未中而出局。在足球、滑冰或曲棍球等任何领域，情况都是一样的。[①]

　　除此之外，我们还研究了与我的观点不相符的其他例子，例如比尔·拉塞尔 (Bill Russell) 曾是波士顿凯尔特人篮球队的中锋，后来他以教练身份带领该队夺得冠军——组织后卫 K. C. 琼斯 (K. C. Jones) 也曾经这样做过。这里我想说的是，德国籍教练也可以带领该队赢得胜利，可见这支球队人才济济。[②] 不过，有史以来最优秀的教练之一是雷德·奥尔巴克 (Red Auerbach)——一位身材矮小、体质较弱、喜欢抽雪茄的天才，他率领球队赢得比赛的概率是最高的。

　　优秀的运动员会充分利用教练的指导。尽管曾犯过一些过错，但泰格·伍兹 (Tiger Woods) 仍是世界上最伟大的高尔夫运动员之一，他在挥杆和推杆方面仍然需要教练的指导。格雷格·洛加尼斯 (Greg Louganis) 是世界上最优秀的跳水运动员之一，他拥有多名负责指导不同动作的教练。所有职业团队在维持人员阵容方面都会花费巨额支出，其中包括从力量与素质教练到技术教练的各类教练。

　　这是因为，即使最优秀的运动员，也需要不断改进或完善自己的技能，甚至经常需要某些矫正训练。此外，另一个原因是，比赛规则或形式经常发生变化，昨天的技术可能完全不适用于明天的比赛，运动员的肌肉可能有些老化，或者比赛战略有所变革等。

　　人们在自身所追求的领域中需要技术过硬的、经验丰富的教练。世界级滑雪选手不需要另外一名世界级滑雪选手帮助她提高起步速度，但是她需要一名知道如何快速起步和预测里程的教练。同样的关系适用于商务领域，也适用于我们每一个人。

---

① 是的，我知道你随处可以找到例外情况，正是这些例外情况限制了我的规则。

② John Havlicek, Sam Jones, Don Nelson, Tom Sanders, and Larry Siegfried, to name a few.

> 你没有必要优越于那些正在自身所追求的领域中接受培训的人。你仅仅需要在某些方面比较熟练，以便帮助改进他（她）的情况。

我的一名客户是小型法律事务所的专家，他拥有很多知识产权，其中包括书籍、影像、音像、工艺等。但是，他首先是企业主和经营合伙人的教练，这些企业主和合伙人希望增加企业的价值，实现并购或提高收益。（他不会把自己宣传为一名"教练"，这就是本章所讨论的主题。）

不过，他经常会遭遇自负危机，这种危机首先在我所主持的一次研讨会上突然爆发。

"实际上，我从没有做过法律事务所的经营合伙人，"他有些生气地说，"所以，我怎么可能如此厚脸皮地 (chutzpa)[①] 给这些人提供建议呢？"

我要求他对以下问题做出回答。

▶ 你是否重点探讨过公共领域的论题？（他探讨过。）

▶ 你是否拥有法律学位？（他是一名律师，尽管没有真正从事过该行业。）

▶ 你有没有针对这些问题为经营合伙人提供过建议？他们有没有按照你的提议向你支付费用？（他在这方面曾有过卓越的业绩，而且拥有大量的客户。）

▶ 你在这个领域是否有名气？（他在所处的行业中声名卓著。）

▶ 你与该行业的主要同业公会之间是否存在合作关系？（有些公会曾出版过他的著作，有些邀请他在会议上发言，还有些曾协办过他的研讨会。）

▶ 你能否出具证明书或推荐信？（完全没有问题。）

▶ 在为经营合伙人及其同事提供建议的过程中，你是否已经

---

① 这是一个技术性的法律术语，意思是司法先例 (judicial precedent)。

整理并汇编出最佳做法？（是的。）

▶ 人们是否因为你很出名并受到敬重而向你寻求帮助？（是的。）

就在那时，其他人正在遭受折磨。此人比他的客户或潜在客户具有更多的经验。换言之，他没有必要成为一名经营合伙人。他的技能、行为和经验要远远高于其他经营合伙人，因此他的目标是通过教练使合伙人表现得更好。事实上，任何一名经营合伙人在这方面都无法与他匹敌。

但是，他必须知晓这一点，即第一笔销售通常是卖给自己的。

如果你回顾一下我向客户提出的问题，你的才能也许（也可能不）少于他的资产。但是，你拥有很多项才能，而且你可以培养更多的才能。你没有必要擅长于客户所从事的行业，但是你必须在某些方面表现突出，以便改进客户的状况。

我从没有做过财富1000强企业的首席执行官，但是我曾经成功地教练过他们中的很多人。我从没有担任过非营利性组织的执行总监，但是我曾经给其中很多人提供过建议，而且他们在我的建议下改进效果非常明显。你和我更应该教练除了"成功人士"之外的其他人。

成功人士本身通常不会成为成功的教练，原因有以下几点。

▶ 他们的行为模式完全不同。他们习惯于打破常规、冒险、引人注目和处于紧张状态，但教练不能这么做。

▶ 他们的竞争意识非常强，而且他们强烈的自我意识经常会从自信演变为自大。[1]

▶ 他们充满紧迫感、直率坦诚、渴望成功，而且他们希望快速采取行动。

▶ 在参与团队工作时，他们不会成为团队协作的典范。

---

[1] 以下是一些实用的定义。

自信：确信自己可以帮助其他人学习。

自大：确信自己没有什么需要继续学习的。

自以为是：毫无能力，但是非常自大。

▶ 他们喜欢得到他人的恭维，希望得到大家的鼓掌和认可。

▶ 他们相信获得宽恕要比获得许可更容易。

▶ 他们希望立刻获得满足感。

▶ 他们不喜欢做出让步，坚持自己的做法，而不是采取协作的方式。

▶ 他们很健谈，但不喜欢聆听他人的意见。

很明显，上述说法存在以偏概全的问题。但是，如果你思考一下本章前面对技能、行为和经验的总结，将发现它们并不是超级成功人士的标志。

导师模式更适用于组织中的明星成员。这种模式是反应性的，利用个人经验和关系帮助解决问题。但是，教练模式并不是最合适的，因为其需求具有前摄性，我们需要确定行为目标，然后认真地观察和聆听。有权威的、能力非凡的领导者，无论是乔治·巴顿将军 (George S. Patton)，还是杰克·韦尔奇 (Jack Welch)，都不是因为自己的教练能力而闻名的。他们非常重视下属的发展。

● 本章小结

大多数咨询师、顾问、律师及其他从事助人行业的人都可以称为教练。教练属于技能范畴，与人们的身份或地位无关。你可以选择专注于技能这一点，但是，如果你更多地了解行为、组织动态、变革管理、回馈与评价等，你将成为一名更优秀的教练。

资质证明并不重要，因为并不存在公认的教练定义或体制。完成一系列作品或擅长于满足客户需求的能力是至关重要的。因此，年龄、性别、文化及其他无关因素都可以忽略不计。

人们需要教练的理由远远超乎想象。不过，最主要的需求是改进客户的状况。接下来将讨论如何评估和实现这一点，并将进一步探讨教练的本质。

第 2 章

教练的职业

如果没有人需要你，你将一文不值！

改进客户状况

第 1 章深入讨论了改进客户状况的概念，接下来将花时间确认我们是否完全理解这个概念。

下面这些关键理念将对你的商务导向产生重要影响。

① 你并非与"实体"做生意。通用电气公司 (GE) 可以是一个客户，而你任职的领域是所谓的"客户服务中心"，有些人已经购买了你的服务，还有些人是你的潜在客户。我们的生意对象是人，而不是砖块和灰泥。

② 关键采购者是那些有权开支票的人。不能将关键采购者与可行性采购者混为一谈，后者通常隶属于人力资源部门，而且他们主要负责寻找教练任务的"卖方"（在本章的小结部分，我们将讨论确定购买者和规避其他人的具体方法）。关键采购者是你希望能满足其需求的人、可能再次聘用你的人、提供推荐书的人，以及可以作为推荐者的人。这就是你希望找到、取悦和培养的人。

③ 你被聘用的原因是可以帮助改进他人的表现，这是一种产出或结果。如果产出没有得到改进，教练、测试、观

察等投入都将是无效的。这种改进必须是明显的、直观的。例如，如果某人没有表现得更好，那么他（她）自我"感觉更好"是没有用的。

④ 实现改进的时间是有限的，对于整个职业生涯来说，这相对较短；如果放在整个宇宙中考虑，那就更加微不足道了。因此，刚开始的时候必须将产出目标设置在一个合理的范围内。

⑤ 在改进过程中，其通常会遭遇痛苦，就好像为了期中考试而努力学习一样。你教练他人的目标不是为了受到他们的爱戴，而是为了帮助他们实现改进。此外，你也不是为了证明自己的能力。病人向临床医生支付费用，而不是临床医生支付费用给病人。

> 绝不能认为你的客户受到了伤害。这种感受是错误的。即使有人告诉你情况是这样的，你也必须通过自己的观察加以证实。

你的购买者与你的客户可能是不同的人，这是你和客户所面临的主要问题。有时候他们是同一个人或者是同样的人，但有时候不是。

你的购买者，即开支票的人，可能希望你为他自己提供个性化的教练。如果是这样，那么业务关系只存在于你们两个人之间，出现问题的可能性会非常小。

但是你的购买者可能会要求你教练其他人，大多数情况下是他（她）的下属员工。如果情况是这样的话，你需要解决以下问题。

▶ 保密性的实质是什么？你是否会为客户严格保密？购买者是否拥有知情权？如果购买者拥有知情权的话，你必须告知客户这一点。如果你与客户之间的交流不具有保密性，那么你不能让他（她）误认为是保密的。

▶ 购买者会不会直接参与这个过程？他（她）会不会出席最

后的反馈说明会？会不会提供无关的反馈信息？或者要求你补充更多的评论？购买者的真正职责是什么？

▶ 应该由谁负责设定改进目标？改进目标由购买者自己设定，还是购买者与客户共同设定？如果购买者自己设定的话，应该由谁告知客户？客户是自愿购买，还是被迫购买？

▶ 成功的标准是什么，以及：
  ● 你如何知道已经达到或尚未达到这些标准？
  ● 客户如何知道已经达到了这些标准？
  ● 购买者如何知道已经达到了这些标准？

▶ 如果三方之间存在分歧的话，你将如何解决？你将使用哪些证据或采取怎样的行为？

▶ 如果已经获得成功或者确定无法获得成功时，由谁决定解除合约关系？由谁做最后的决定？

▶ 谁将评估你的工作表现：购买者、客户或两者一起？

▶ 如果需要的话，你将多长时间向购买者汇报一次？谁负责组织这样的汇报？

▶ 其他方有没有权力得到进程报告或听取汇报？

在提交教练计划之前必须解决这些问题。如果教练并非保密的话，你不能让客户误认为是保密的；如果协议中没有注明的话，你不能让卖方认为自己可以随时干预教练过程。除非三方都同意，否则这些规则在教练中不能改变，而且改变规则绝对不是什么好主意。认为教练是在"真空"中进行的想法非常不现实。除非你不在现场或戴着面具，否则肯定会被泄露出去。因此，你必须在开始旅程之前就设定好路上的规则。

在处理费用问题时，我们将更进一步探讨这种现象。注意，图 2-1 显示出你的教练可以为客户和购买者同时带来两种好处。一种是教练结果对个人的重要性，另一种是教练结果对组织的重要性。这两种好处通常都是当前发生的，但是它们并不是同等的，也不被看成是同等的。你最重要的贡献和价值在于，你什么时候能实现这两种好处，而且这两种好处必须是显而易见的。

图 2-2 展示了分析这种关系的另一种方法。

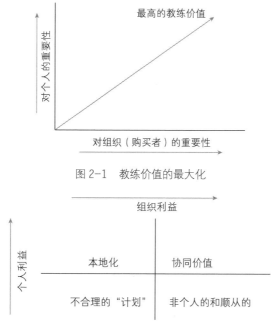

图 2-1　教练价值的最大化

图 2-2　个人利益与组织利益之间的对比

如果你是在缺乏组织联系的情况下对"公众"进行教练的，你将始终处于左上限。如果你只是通过培训或与人力资源部门人员签订合约的话，你将必然处于左下限。如果购买者并非你的客户，而且他（她）的下属是被迫接受教练的，那么你将处于右下限，即他们可能会顺从你，但是不会给你任何承诺。

建立信任

一旦确定要与真正的购买者（有权开支票的人）打交道，第一步就是要培养相互之间的信任感。具有讽刺意味的是，建立信任所花费的时间越长，你就能越快地得到高质量的业务。

信任之所以如此重要，是因为如果购买者不信任你的话，他（她）通常不愿意与你分享改进目标和相关信息。我们根据需要对信任感做如下定义：

信任是指坚定地相信对方会考虑自己的利益。

如果我信任你，我将接受你的指正或批评，并认为你这是在为我着想。如果我不信任你，我甚至会怀疑你对我的恭维或赞扬，因为我可能认为你另有企图。

怎样才能判断他人是否信任自己呢？与他人建立信任可能只需要花费 10 分钟的时间，也可能需要经过一系列的面谈。下面是一些相关的指标。

- ▶ 购买者提供很多你并不需要的信息，例如，"我们从母公司那里得到很多差劲的管理决策。"
- ▶ 购买者向你询问："你认为应该从个人开始还是从整个团队开始？"
- ▶ 购买者延长了之前议定的时间，继续和你进行交谈。
- ▶ 你的问题得到了详细、准确的回答。
- ▶ 购买者没有要求你提供可信度证明，例如推荐信、客户名单等。
- ▶ 购买者听取了你对其定位和建议的不同意见。
- ▶ 购买者不想与你展开任何谈判。

> 要求得到帮助并非陷入困境的信号，而是一种处于强势的表现。我们都需要得到帮助。寻求帮助是一种健康的信号。

接下来，我们将探讨如何加快建立信任的进度。

建立信任模块

1 尽快提供意见和帮助。不要害怕提供自己的观点和建议。

你希望购买者考虑这样的问题，"如果我从首次会谈中得到这么多帮助，长期聘用此人的话将带给我哪些好处呢？"

❷ 根据自己对行为和现象的观察结果得出评论，绝不能通过臆测或自己的思维模型。例如："我曾经三次听你说过销售与研发之间存在很多矛盾。如果我没听错的话，你能否解释一下这种矛盾为什么会达到如此高的程度？"

❸ 不要集中关注你的方法或方式。关注购买者的目标并改进他们的状况。不要提供过多的技术选择。

❹ 关注内容，而不是方式。不要让购买者向你提出更多的选择或要求，例如："我们需要对顶级团队进行全方位的测评。"

❺ 外表看起来要非常成功。不要用廉价的笔做记录，尽量使用卡地亚或万宝龙等名牌，同时穿戴得体的西装和配饰。成功人士希望与其他同样成功的人共事！①

❻ 做好准备工作。深入了解你所服务的公司、部门、竞争对手、你要会见的人等。你不必变成一名专家，但是至少应该对其非常熟悉。例如，假如你所服务的是一家银行，那么你应该知道什么是贷款亏空。

❼ 在谈话中要提及自己的成功经历和已经完成的项目，你可以讲得非常具体（在得到另一方允许的情况下），也可以泛泛而谈，例如摩根大通与"一家大型金融机构"的差异。

❺ 博学多识。如果购买者谈到某项赛事、《华尔街日报》或《金融时报》的某篇文章、某部流行的电视剧等，如果你对此有所了解的话，那肯定对你有所帮助。

❾ 注意自己的言行，运用商务礼仪。懂得如何问候他人和谨言慎行。（我建议你永远不要接受他人的咖啡或招待，你根本不需要这些，而且它们会带来严重问题。）确保已关闭自己的手机，并且不要讨论其他无关紧要的事情。

---

① 如果有人建议你简化自己的发言，你可以完全忽略他们的话。这些软弱的、不可靠的人想要把你的效率降至他们的水平。

在我设计的"信任金字塔"(见图 2-3) 中可以看出,同行的推荐是信任的重要来源 (即使这个金字塔的较低层也有很高的影响力)。外在的专门技能包括购买者熟知的知识产权,因此商务出版物具有非常高的权威性。交往需求的意思是购买者相信你将非常适合他 (她) 的计划、客户和组织。知识尊重基础上的信任是非常有效的,你在谈话中应该充分表现出对知识的尊重。

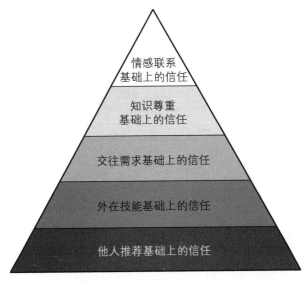

图 2-3　信任金字塔

但是,情感基础上的信任是最稳定的,因为道理促使我们思考,而情感将推动我们采取行动。如果你能通过移情、共同信仰、礼貌等建立更多的情感关系,你将从中得到更多的信任。

注意,在比较理想的情况下,所有这些来源 (或至少其中几个) 将同时为你提供帮助。如果你没有任何信任来源,那你将只能是一名推销者,而绝对不能成为合作商,至多能被划为组织内部人员,但不会带来任何根本性的改变。

评估表现和进程

与其他形式的建议不同，教练具有清晰的改进目标 (见第 1 章)，而且其中必须包含评估进程和成功的具体标准。你和客户 (通常是购买者) 必须能够在你的现状和改进目标方面达成一致。

此外，改进并不是很重要的，除非它足够明显。尽管很多培训人员会采用 4 个层次的测评标准，但他们把简单的东西复杂化了，使得人们相信教练比实际情况更加复杂，除非其做出显而易见的改进。关键点是什么呢？如果我更加自信、积极和自立，但在我的行动中根本看不到这些优良的素质，那么我为什么要努力培养这些素质呢？

30 年前，我在 Erhart 培训公司遇到的最滑稽的问题是：参与者不能快速描述出他们之间的差异，他们看起来也没有什么差别，而且要求你必须参加研讨会，以便切实理解从中得到的好处 (这种改进方法并不像巧妙的营销策略那样有效)。一个月后我将看到哪些明显的改进呢？结果往往是微乎其微的。[①]

著名的培训大师鲍勃·梅格 (Bob Mager) 曾经说过："如果你在某方面失败了，那么你怎样才能了解它呢？"事实的确如此。

在承担教练任务之前 (实际上应该在提出该想法之前)，你必须与购买者和客户在成功标准方面达成一致。只有这样，你才能够做到如下这些。

▶ 调整你的进度。

▶ 向购买者提供保证，即使客户的内容是绝密的。

▶ 使得客户对进程负责。

▶ 避免在进度方面产生分歧。

---

① 心理医生报告指出，他们通常会对"过于激进"的人进行治疗，并不是因为他们存在生理问题，而是因为他们引以为豪的东西从来没有真正实现过。这就是工作描述中通常不强调劳累性的原因。

▶ 通过取得里程碑式的改进，深入强化教练目标。

▶ 要求其他人关注改进并提供信息反馈。

▶ 在结束教练合约后确保能够继续改进。

> 没有磅秤的话，你无法判断自己的节食效果；没有速度计的话，你无法判断自己的车速；没有计时器的话，你无法计算自己的演讲时间。因此，如果没有双方议定的测量设备，不要试图帮助他人做出改进。

你是客户的引导者和指导者。但是，你必须能够转让自己的技能，并帮助你的客户做出改进。那么，你和客户如何才能知道正在做出改进或者已经达到了既定标准呢？

表 2-1 说明了较差的测评标准和改进后的测评标准。

表 2-1　较差的测评标准和改进后的测评标准

较差的测评标准	改进后的测评标准
你在做公共演讲或报告时将感觉更加自信	你的手将不再发抖，你不再需要手持讲稿，而且能够回答来自听众的各种问题
你能更加果断地解决冲突	你将要求发生冲突的下属平静下来，并要求他们在 1 分钟内叙述分歧的原因，然后指出他们是在讨论目标或方法；他们将在 24 小时内各自做出让步
你将确信自己的下属拥有独立解决问题的能力	在会议过程中你将不再打断下属的发言，不再因为自己能做得更快而替他们完成工作，并将利用他们无法掌控测评标准的时机帮助他们找到问题所在
你将同意与自己的配偶好好相处，并尊重他（她）的意见	每天晚饭前的 30 分钟，你们会坐在一起讨论各人当天的工作或生活，相互询问对方的意见或建议，并在听取意见后向对方表示感谢，无论你是否会采用这些意见；你所表现出来的诙谐或嘲讽并不是针对你的谈话对象的

你是否已经明白？你可以看到这种环境下更恰当的描述。它们是决定性的，而且能够提供相关证据。如果你受到这个问题的困扰，你将会更深刻地意识到这一点。

另一种判断评测标准的方式是，它们仅仅测量产出或成果，而不测量投入、可交付成果或态度。按照下面的顺序考虑一下：

$$信念 \longrightarrow 态度 \longrightarrow 行为$$

我们把某些行为界定为不恰当的或无效的，并倾向于采取强制性的行为。通过规范性压力（加入群体），即采取与其他"优秀"人士一样的行为方式，我们可以解决"不恰当的态度"问题。

但是，通过改变信念，即诉诸客户的自身利益，我们就可以得到承诺或支持，而不仅仅是顺从。在美国的禁酒时期，纽约的地下酒吧数量远远超过之前的合法酒吧，这是因为大家并不认为饮酒对身体有害，所以强制执行是无效的。但是，由于对身体健康的诉诸，吸烟率出现了大幅度下降，因为二手烟的危害和健康宣传对烟民的信念体系造成了巨大冲击。

只有行为具有可视性。因此，只要你能够测量相关差异性，例如停止吸烟、烟草销售量下降、公共场所禁止吸烟等，你就可以看到自己在改变他人信念方面的效率，而且能够正确引导大家的自身利益。

很多客户会表示自己已经有所改变：他们变得高兴和充实，不再觉得有压力，甚至感觉自己可以挥动翅膀飞翔。你可能不相信最后这种说法，但是如果缺乏行为和证据基础上的证明，你为什么会相信其他说法呢？说空话是不费力的，承诺也很容易，但改变自己的行为是很困难的。

这种改变需要一名优秀的教练，他（她）必须能够提供准确的、坦诚的反馈信息。

提供准确的、坦诚的反馈信息

反馈信息主要分为两个类别：主动请求式和被动请求式。曾有人这样提出，针对反馈信息唯一需要做的是聆听，但这些人类似于"受虐狂"，他们认为用牙线清洁牙齿是天经地义的事情，还认为英国的皮尔斯·摩根 (Piers Morgan) 是一位知名人士。

提供被动请求的反馈信息通常是为了满足信息发出者的需求。他们以帮助你为名义，其实是为了满足自身利益，试图迫使你遵循他们的意图，或者简单地做着消极攻击的游戏。不过，主动请求的反馈信息是主体主动提供的，而这正是教练的本质和灵魂。

提供反馈信息是一个过程。尽管优秀的教练可以很自然地完成，但是这个过程具有明确的特点，接下来我们将进行详细讨论。

反馈信息的特点

- ▶ **有计划的与无计划的。**你应该与客户商订反馈时间，且应该在最需要的时候即刻提供反馈信息。
- ▶ **积极的与消极的。**教练中的所有反馈信息都应该是建设性的，这意味着信息中应该包含需要改进的消极方面和需要加强的积极方面。
- ▶ **移情但不同情。**理解客户的想法是很重要的，但不是感受客户所感受的。同情所提供的是怜悯，而移情所提供的是改进或发展。
- ▶ **及时性。**不要指出客户在昨天或者上周犯过的错误，指出他（她）刚刚犯过的错误将更加有效。
- ▶ **关注可以改进的方面。**告诉他人如何提高绘画水平是有效的做法，但告诉他人从左手握笔改为右手握笔则是无效的。
- ▶ **她，而不是你。**告诉他人你的做事方式，不如使用第三方或其他可以观测到的例子。客户经常会辩解："嗯，你是一名教练，你当然会做得很好。"但是，如果他（她）看到同事的效率达到了预期水平，将不再这样想。

▶ **讲述和倾听。**你必须在反馈之前、反馈过程中和反馈之后倾听客户的意见。有些情况或客户的意见将影响观察结果的有效性。

▶ **渠道的差异化。**有些反馈意见最好在讨论过程中提出，尤其是当交互作用非常重要时；有些最好以书面方式完成，例如当你需要强调和做记录时；有些需要在其他人面前完成，而有些需要私下完成；有些需要面对面完成；有些需要通过电话完成。根据情况的不同，选择最恰当的方式。

▶ **关注事实。**反馈信息的基础是观察到的行为和证据。告诉某人他（她）看起来不像是一名善于团队合作的人，这种做法是毫无价值的，远远比不上告诫他（她）说："每次开会你都迟到至少 10 分钟。"

▶ **展示影响力。**不要只是引用证据，必须同时解释由此产生的对客户及其他相关人员的积极影响或消极影响。这种影响和后果进一步体现了对变革或强化的需求。

反馈信息

　　我刚刚在英国伯明翰的一次会议上发表过主题演讲。接待人员带我来到招待会后，一位演讲家问我能否给我一些反馈。

　　"大英帝国有没有能够阻止你的？"我责问他。尽管他是一名不错的倾听者，但是他完全没有理解我所说的意思。

　　"当你走到舞台上时，我无法集中关注你的演讲要点。"他有些迂腐地说："但是，当你站着不动时，我能听到所有的要点。你知道该怎么解释吗？"

　　"我知道，"我坚定地说，"这属于学习障碍。"

尽管自发地提供反馈非常有效，但你必须挑选最佳时机。当你跑进会场或者大型会议即将开始时，你不应该向他人提供反馈。这是因为，此时可能存在妨碍反馈循环的因素，如图 2-4 所示。

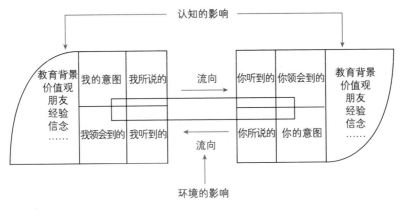

图 2-4　沟通流程图

你与我（任何两人或更多的人）之间存在很多不同的因素，这些因素将"歪曲"或影响我们的理解力，即我们获知对方意图的能力。目前，主要有两种类型的影响。

① **环境的**。不要试图在众人面前沟通重要的反馈，因为在这种情况下可能会存在分散注意力的因素，客户将无法专心致志。如果你与客户只是使用电话或电子邮件沟通，你们将无法交流或领会彼此的反馈。

② **认知的**。这种影响更加难以应付，因为它们都是隐性的。你必须测试双方之间的理解力，确保对方能够领会你的意图，而你也能够领会对方的意图。例如："如果你认为自己在给员工作出评价之前首先需要考虑他们的自我评价，你将如何调整复审程序？"通过查看申请表样本，你可以检测并确保正确的信息以恰当的方式被对方接收。

> 　　在反馈中不要使用讽刺性的语言，应使语意明确，避免在当面沟通时产生歧义，不要使用电子邮件或电话。如果缺乏音调变化或肢体语言的话，书面写出"做得不错"可能会有很多种不同的含义，尤其是当客户缺乏自信心的时候。

　　你对客户的责任不仅仅是遵循"不伤害原则"，还要根据双方设定的测评标准，尽一切可能确保实现既定的改进目标。你不需要过多地使用格言或警句，只要看起来非常真诚和诚实即可。这需要经常提供坦诚的反馈，富有同情心但又绝对诚实。教练是一种职业，它并不是以交友、寻求认同或寻求真爱为目标的社会事业。

　　如果这些是你最关注的方面，那么你肯定会失败。

确定真正的购买者（为什么购买者从来不是人力资源部门的人）

　　你的购买者可能是你的客户，也可能是为自己的下属购买教练服务的人。购买者可以开支票，或者可以授权计算机开出支票。

　　人力资源 (HR) 部门负责洽谈购买卖方的教练服务，并审查那些提供商品服务或产品的人。关于这一点，该部门最常用的说法是"履行这项职能是我们的重要任务"。

　　你既不是卖方，也不是商品。

　　人力资源部门和培训部门通常没有资金预算，而且它们只是代表其他人的意愿，做最后决定的往往不是他们。在任何情况下，你必须与购买者和客户做面对面的会谈，以便可以确定教练内容是否正确、期望目标是否合理，以及环境是否有利于改进，等等。尽管人力资源部门高管很少拥有预算或决定权，但是如果通过人力资源部门洽谈教练业务的话，你将发现自己 90% 的时间将处于停滞状态。[①]

接下来将讨论如何确定哪些是掌握决定权的人。

用于确定真正购买者的问题

- ▶ 哪项预算将支持此项教练费用？
- ▶ 谁有权批准这个教练项目？
- ▶ 相关人员向谁寻求支持、获得批准和提高可信度？
- ▶ 谁有权操控教练项目所需要的资源？
- ▶ 谁首先提出了这项教练要求？
- ▶ 谁将为教练结果负责？
- ▶ 谁将是主要的出资者或提倡者？
- ▶ 你是否需要得到其他人的批准？
- ▶ 谁有权批准或拒绝这项提案？
- ▶ 如果我们能够合作的话，明天是否可以启动这个项目？

关键点 组织规模越大，有决定权的人就越多。他们可能不是首席执行官或所有者，但他们有权审批相关费用。委员会绝对不是拥有决定权的机构。

> 如果你确信自己没有必要取悦所有的人，而且非常担心自己会失去这笔业务，那么你肯定会一无所成。当你面对那些没有批准权但有否决权的人时，猜一猜你通常会听到什么——不！

在小型组织中，购买者通常就是所有者本人。在这种情况下，

---

① 为了避免令你觉得我对人力资源部门有成见，请你说出过去 10 年内在财富 500 强企业中三名从人力资源高管晋升至首席执行官的人。你根本说不出来。你可以发现很多首席执行官出自总顾问、副总裁、精算师，甚至公司的外部人士，但是没有一名来自人力资源部门。这就是原因所在。

必须意识到购买者做决策时可能会非常情绪化。所有者可能决定
应该投资于教练方面，还是应该将这笔资金用于儿子的牙齿矫正
手术或女儿的婚礼。在惠普或波音等公司，你不会看到这种因素
会干扰购买者的决策。

　　大型组织一般拥有多名购买者。在德国默克公司，一位重要
购买者的职位头衔是"国际开发经理"。你不能通过名片来辨别
出一名购买者（例如，银行中的每一名员工都是副总裁），但是你
可以通过预算费和支出预算费的能力来辨别。

　　购买者非常关注投资回报率 (ROI)。如果购买者声称自己有
"价签震惊"问题，他（她）的真实意思是从中看不到自己需要得
到的投资回报率。因此，目标和测评标准之间的结合点是第三个
因素：价值。

　　价值可以是定量的（销售额）或定性的（压力较小，声誉较高）。
但在这两种情况下，如果产品（服务）的价值是与买方共同创造的，
而且足以证明价格的合理性的话，那么产品（服务）就是有价值的。
金钱从来都不属于资源范畴，但涉及优先顺序的问题。金钱是永
远存在的，但购买者考虑的关键因素是是否应该把钱给你，而不
是给其他人！

　　重要的差别在于与购买者共同创造价值。这样的话，双方对
产出会有承诺和概念上的协议。完成此项行动之后，购买方就不
会再对价格表示震惊了。

创造价值的方法

▶　这些结果对你的组织意味着什么？

▶　你怎样测评这些实际回报率，例如投资回报率、资产回
　报率、销售回报率、股本回报率等？

▶　改进将达到什么程度（或范围）？

▶　这些结果将对组织盈利产生什么影响？

▶　按年核算的储蓄金有多少（第一年可能是虚假的）？

▶　对声誉、安全等方面存在哪些无形影响？

▶　你将如何改进经济状况或得到更多的财务支持？

▶　对客户、员工或卖方分别有多大的影响？

▶　与你自己的职责相比，这些价值有多重要？

▶　如果失败的话，情况将怎样？

关键点　主观上的价值（如压力减小）与有形结果（销售额提高）是同样重要的。永远不要勉强接受，"不要担心，这是很重要的。"准确查明其重要程度，因为这将影响可接受的价格范围。

此外，向自己提出下列问题：为什么是我？为什么是现在？为什么采用这种方式？

如果你是几名候选的教练之一，而且你是当地人，对行业非常熟悉，并曾经撰写过这方面的图书，那么你将更具有价值。如果情况比较紧急、即将发生重大事件或其他机会受限的话，那么你将更具有价值。如果客户以前尝试过内部教练但没有成功的话，那么你将更具有价值。

对前面的问题和三个附加维度的回答将帮助你深入了解自己对客户的价值。

此外还有另外两个维度，即职业的和个人的。有些利益不但会带给组织，同时会带给个人。这些利益可能会偏向其中一方，或者对双方具有同样的影响。无论情况如何，两种方式都是有价值的。

你能否提炼出这些关于价值的结论？这种能力将与客户在概念上达成一致，其中包括履行目标、成功标准以及对组织和个人的价值等。同时，你需要用实例表明你在完成目标方面是如何比其他人更有价值的。

现在，你已经为下一步做好了充分准备。

第 3 章

做好获得成功的准备

如何做好事先准备？

● 达成概念上的一致

无论你是否相信教练的作用，或者我已经说服你相信，它都已经发展成为一个重要的行业，这是无法改变的事实。

如果你认为教练是一种"职业"或"任务"，或者是你的"终生工作"，这些想法都没错，但是你所讨论的是一种业务爱好，而不是一种工作。业务爱好是指需要你投入时间和精力的一种习惯、消遣或兴趣，可以为你提供满足或喜悦感，这个过程可能会对他人提供帮助，但对你的经济状况没有直接影响。工作是一种职业，可以为你的生活和未来提供财务支持。

它们之间可能是一致的。但是如果它们之间是不一致的，或者说你只是将其看作业余爱好，而不是职业的话，我们称这种现象为失败。

> 真正的财富是：你可以自由地支配时间，金钱只是生活的辅助因素。你可以赚取更多的金钱，却不能获取更多的时间。

因此，你必须像一名商界人士那样安排自己的生活。你是一名事业有成的专业教练。我的品牌是我的名字，以及"百万年薪咨询顾问"和"逆向投资者"等术语，我为各类客户提出大量的知识产权。但是，负责完成这一切的是我的法人实体——顶点咨询集团有限公司 (Summit Consulting Group, Inc.)。这是因为，我的价值观、客户和未来都包含于恰当的经营方法的框架之内。

图 3-1 简要列出了如何与潜在客户打交道的基本方法。

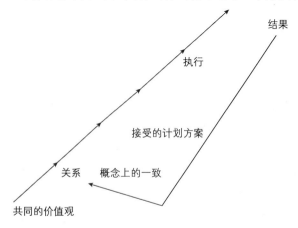

图 3-1　典型的商业模式

"共同的价值观"并不是精神上的或宗教性的，而是一种经营价值观。例如，你与客户在很多方面应该具有共同的信念，例如保密性、教练绩效优秀者、辞退绩效较差者和其他可能影响整个计划的重要方面。这种关系将建立在第 2 章所讨论的相互信任的基础上。

概念上的一致是指双方在目标（教练结果）、衡量标准（进步或完成的指标）和价值（结果对个人和组织的影响）等方面的相互理解。实现这一点之后，双方接受计划方案的可能性将提高80%，随后的执行将产生预期结果，从而进一步强化双方的关系（我们实现了双方共同制定的目标）。

这是你与买方之间的合作关系，无论买方是你的客户或者其他人是你的客户。因此，试图通过中间人开展合作属于愚蠢的行为。这是一个关系型的行业，因此与不合适的人或通过其他人建立关系是注定要失败的。

同样，如果你试图跳过这个图，那么你肯定会遇到麻烦。买方自身对投资和评估 ROI 具有受托责任，在未达成概念上的一致之前提交计划方案是完全徒劳的行为，就像努力与不信任你的人达成概念上的一致一样。

这个顺序非常简单，却是至关重要的。

为了确保你提交的计划方案能够得到认可和接受，请遵循以下相关准则。

① 找到并会见财务型买方 (最终决策者)。如果你约见了其他人 (尤其是中间人) 的话，不要试图建立密切的关系，而是要利用这种联系找到财务型买方。在洽谈失败的业务中，50% 以上的业务是因为忽略了这个步骤，因为担心冒犯水平较低的人或遇到水平过高的人。

② 建立一种信任关系。这可能需要双方的多次会见。在结束会见之前确定下一步，其中包括时间、日期和责任等。

③ 确定目标、衡量标准和价值观，同时确保买方与你达成概念上的一致。在洽谈失败的业务中，约 30% 的业务是在第二步和第三步时宣告失败的。教练非常希望"说服他人"，而不是与对方讨论，更不愿意在计划的价值方面达成一致，因此他们没有较强的 ROI 观念。刚开始不要讨论费用，只能讨论结果。

④ 提交的计划方案① 中必须包含上述内容，同时包含联合责

---

① 关于计划方案的详细信息，请参阅我所出版的《如何撰写成功率较高的计划方案》，或者从网络上下载此书的样本。简而言之，撰写计划方案共有 9 个步骤：现状评估、制定目标、成功标准、价值、选项与方法、时间安排、联合责任、条款和认可度。

任、时间和费用。理想的情况是，方案中应该具有多种选择，本章后面会谈到这一点。此时，买方应该首次看到费用情况。（如果在此之前讨论费用，你将失去对讨论的控制权。）

⑤ 提交的方案中需要包含明确的后续讨论时间，例如东部时间周二早上 10 点，那时你可以询问买方更倾向于哪种选择。

⑥ 收取订金或费用，然后开始执行方案。我过去 25 年的从业经历表明，这个简单的顺序将大大提高你的方案被接受的概率。虽然你提供的方案数量可能不多，但是仍然需要放弃其中的绝大多数。

制定合约规则

你的教练计划将有一个起始日和一个终止日，时间长度大约为 60～90 天。这个部分非常简单，通常在计划出现问题时才予以考虑。

在讨论教练方式（方法）之前，我们首先研究一下开展教练的条件（过程）。我将这些条件称为"合约规则"，尽管它们可以更简单地称为"准则""动态"或"相互作用"。

1. 可接近性

▶ 是不是只有你与客户在一起的时候才能见到你？能不能通过电子邮件、电话和传真联系你？能否将会见时间安排在客户的工作时间、你的工作时间（如果你们处于不同时区）、周末或者晚上？如果你不提出明确的要求，将发现自己的手机在你周六晚上去赴宴的路上仍然响个不停。

▶ 多少人能够联系到你？你的教练对象是一个人还是一个团队？如果买方不是你的客户，他们能联系到你吗？

▶ 如果遇到紧急情况、突发事件、言辞恶劣的反馈等问题，你会怎么做？

▶ 预期的回应时间是多长？90 分钟、半天、一天，还是一周之内？

2. 保密性

▶ 如果买方不是你的客户，他们应该得到什么反馈？他们是不是想获知全部信息？客户是否知道这一点？

▶ 你在什么情况下会泄露机密或拒绝保守秘密？如果有人处于极度危险之中，即使牧师和临床医生也会泄露机密信息。如果你看到有人在行窃或诈骗，你会不会向有关部门汇报？

> 你不能把保密看成是神圣不可侵犯的。下面是一种预防性措施：告诉那些要求你保密的人，如果你认为可能会对客户或组织造成严重影响的话，会说出自己所了解的情况或信息。如果客户不接受你这样做的话，可以选择不与你分享某些信息。

▶ 这将产生怎样的永久记录？有没有纸质版记录或电子版记录？如果有的话，将放在什么地方？会不会在既定时刻将其销毁？哪些人有权查看这些记录？客户能否复印这些记录？买方能否复印？

▶ 作为一名教练，你所传达的信息中哪些是属于机密的？客户能否转述你对其他人说的话？能否透露你所提供的书面信息？

3. 灵活性

▶ 帮助的范围是什么？能否涉及私人事务和工作问题？尤其是当这两种问题相互交叠时。

▶ 如果你正在教练一个团队及其成员，你在各个成员之间可以分享哪些反馈？

▶ 你会不会对教练内容之外的问题做出评论或提出建议？例

如：团队正在努力制订的决策，或者与总体教练目标毫无
关系的个人问题。

▶ 能否延期、推迟或重新调整任务的完成时间？对于取代首
位客户的其他人来说是否同样适用？（在推进力和持续性方
面，这些做法都不是恰当的，但是此类问题的确实存在。）

▶ 即使你切身观察了客户的行为，你会对买方做出关于外界
因素的反馈吗？例如，你所参加的会议本身的质量。

有些规则听起来可能是显而易见的，但是它们仍然需要进一
步讨论。由于以下两种情况，很多教练丧失了时间、金钱和精力。

❶ **范围蔓延**。客户通常会增加要求，这是无意的、毫无预
谋的趋向；"当你在场时""因为我们可以联系到你"，
或者"因为我们需要客观资源，而且你已经开始与我们
合作"，客户会要求得到更多额外的服务。惠普公司曾
称之为"无正式文件的承诺"，即人们同意客户提出的
未在实际方案中提及的要求。

❷ **范围渗出**。这是我很早之前就确认并命名的一种现象，
与范围蔓延具有同等危害性。这种情况下，教练会做许
多额外的工作。你感觉自己仅仅是一名"雇员"。因此，
只要你在现场或者正在与客户打交道，你可能也会评价
他们的书面文件，帮助他们收取应收账款、清洗车辆等。

范围蔓延和范围渗出都是自我定位较低的结果。在第一种
情况下，你不敢说"不"，因为你担心会损害双方之间的约定
和友好关系。在第二种情况下，你努力证明自己的价值，因为
你感觉自己像一名冒充者，必须防止客户质疑你所付出的程度
或价值。

第一种情况是反应性的，而第二种是前摄性的。它们都会
在酬金不变的情况下增加你的工作量，这就是边际效益递减的
定义。

合约规则应该在方案提出时制订，在项目启动后立即予以强

化。在项目的运行过程中，你可能需要对规则做出调整。如果你是与一个团队打交道，必须确保每个人都在场。哪些信息可以在团队成员中共享，哪些不可以共享？明确这一点是至关重要的。每一名成员都是你的客户，因此你不能区别对待或做出不同的答复。

最后，合约规则中必须包含解除合约的相关条款。合约中规定大致的完成时间，这个时间可以根据情况和进程稍微做出调整，你也可以向客户汇报任务完成情况或者偶尔进行回电或回访。但是，这一切最终都会结束。

否则，双方之间的教练服务就无法成功达到互相依赖的程度。

确定时间范围

教练任务将持续多长时间？一名教练曾告诉我，只要他能说服客户让他留下，他们的教练就可继续进行。

多像一名流浪汉！这不是一名教练，听起来更像是寄生虫。教练时间的范围共有两个基本维度，所以我们尽量将其简化。

1. 项目

在项目执行过程中，你将按照成功的标准努力实现既定的发展目标。你应该在以下时机宣布离开项目。

- ▶ 目标已经实现（报告有所改进）；
- ▶ 取得足够的进步，但完成目标还需要一段时间（帮助某人获得升职）；
- ▶ 目标无法实现（客户的技能、资质和反应能力远远不够）。

这是最常见的教练形式，而解除合约与签订合约是同样重要的。教练和买方需要决定取得进步、完成教练和不可能完成教练的时间（前面已经给出了这三个条件）。当买方和客户是同一个人时，教练有责任在三种结果中做出选择。

无论面对哪种任务，你都应该准确估计所需的时间，然后取得买方的认可和同意。因为你应该按照项目和价值收取费用，而不是按照时间的长短，[①] 所以必须设定一个时间范围，即使只是一个大致的范围。

> 如果按小时收取费用，你将造成双方的利益冲突，因为客户希望以最快的速度获得解决办法，而教练则希望尽量延长时间。这是一种过时的想法。不要按照天数和小时收取费用，同时对买方采取不同的培训方式。

一般说来，教练任务可以在几天内完成，也可以持续几个月的时间。你和买方应该根据以下因素设定一个时间范围（例如 30～45 天）。

- ▶ 接受教练的人是不是非常忙碌？
- ▶ 需要优先考虑其他哪些因素？
- ▶ "说服"或"达成一致"的时间需要持续多久？
- ▶ 需要完成多少测试工作或幕后工作？
- ▶ 改进的紧迫性程度有多高？
- ▶ 哪些机会可以进行实践和展示改进效果？
- ▶ 教练对象是个人、小群体，还是较大的团队？

在这种情况下，双方需要设定完善的时间范围，不要考虑无法预料的或理由不充分的假设（例如，有些人本应该全面支持教练，但实际上却坚决反对）。

2. 职业顾问

职业顾问是为了提高你的才智，他们的价值取决于以下因素。

- ▶ 哪些人可以联系他们（一个人、多人、客户与买方，等等）？
- ▶ 联系的程度（工作时间、下班之后或者取决于所在的时区）。
- ▶ 联系的方式（电话、电子邮件或私人会谈）。

---

① 从伦理上讲，你肯定不会希望买方在需要联系你时才做出投资决策。

　　职业顾问不同于之前谈到的"寄生虫"式的教练，因为他们的目标是在需要的情况下提高你的才智，而且他们是反应性的。这是教练接近于指导的地方（见第 1 章中的定义）。前摄性的教练关系将发展成为反应性的关系，而教练也会转变为在需要的情况下可以随时联系的导师。

　　理想的情况是，与高层次的、绩效卓越的人建立这种关系，因为他们发展较快，勇于承担新的挑战，而且他们希望与相互信任的人合作。

　　职业顾问通常会在教练结束之后再运行至少三个月，有些甚至会运行一年以上。我的很多固定客户每个月最多会给我打一次电话，或者偶尔给我发一封电子邮件。对于他们来说，这样做是为了知道在他们需要的时候我可以随时提供帮助。长期顾问关系的主要内容是质量，而不是数量。（如果固定客户较长时间没有打电话，很多教练会感到自责，并且因为无法证明自己的存在而感到苦恼，这是教练的自尊心问题，与客户毫无关系。）

　　从教练关系发展为长期伙伴关系是很正常的，尤其是与高层管理者以及升职较快的员工建立关系。你可以与买方设定时间范围，从而避免出现任何误解问题，而且时间不会放缓。几个月很快就会过去。

　　最后，你可以利用"准备好 80% 就开始行动"的原则来设定时间范围，如图 3-2 所示。我所承担的教练和咨询项目都需要中期修正和实时调整。教练和客户都不能等着问题自我修复。在准备阶段，后面 10% 的工作是为了寻求"完美"，但需要耗费你80% 的时间和精力！在整个教练工作中，最后的 20% 很少会得到客户的关注。

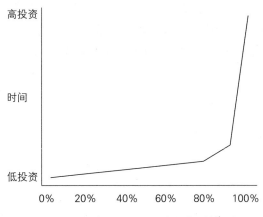

图 3-2   "准备好 80% 就开始行动"的原则

换而言之，努力寻求绩效、行动、行为和结果的"完美"，与实现它们的大幅度改进之间没有明显差异。如果你追求完美的话，可能会超出预期完成目标。这样做将减少你的财富（即可以自由支配的时间），却不能帮助客户改进状况。

选择有效的方法

有很多种工具可以帮助提高教练效率。你应该准备大量的工具，以此避免马斯洛所提出的警告，即，"如果你只有一把锤子，你会把所有问题都看作一颗钉子。"理想的状况是，你在方案中为自己的买方提供多种选择，其中至少有一种能够保证目标的实现，其他选择可以提供更多的价值。我建议"逐步升级"这些选择，从最基本的一直到最复杂的。

下面是一个简单的例子：针对奖金方案的变革征求员工的反馈意见。

选择 1：通过问卷调查获得员工的回应。这样做的优势包括：覆盖范围较广、可以使用技术和提高保密性等。不足之处在于：

由于调查方式所限，无法对调查员工提出后续问题。

选择 2：通过个人采访调查员工。这样做的优势包括：可以提出后续问题，而且可以随机选择各种类型的员工。不足之处在于：保密性较差，而且容易透露其他人的意愿。

选择 3：问卷调查、个人采访和聚焦小组相结合。这样做的优势包括：小组具有自我约束力，可以提出后续问题，辩论形式多样化，等等。不足之处在于：保密性较差，而且在意其他人对自己意见的看法。

可见，选择 3 提供了更为多样化的方式，可以在弥补不足的同时更充分地发挥优势。

接下来继续讨论教练。下面是工具包中的基本工具。

1. 如影跟踪

你追随你的客户，倾听并观察各种不同的情境，从作报告到做出评价，从制订决策到接受客户沟通。

2. 全方位评价

你采访客户的同事、下属、上司或客户，了解他们的行为模式，获得客户成功或尚未成功的相关证据。

3. 采访客户

通过在不同时间（刚开始、重大事件发生之后、遭遇挫折之后等）对客户进行深度采访，你可以了解到哪些因素将对他的后续行为产生积极的或消极的影响。

4. 仪器

很多类型的仪器可以用于测评行为风格、真实性、诚实度、压力、才能等。[1]

---

[1] 注意！有些仪器是有效的，而有些则是无用的。很多仪器需要在有执照的心理学家的指导下使用。为了改进自己的状况，你应该与持有执照的人合作，而不是购买那些价值很低的"现成品"。只有成为一名符号语言学家，你才能理解一部分深奥的应用符号。记住，此时你所从事的是职业教练。

5. 采访其他人

其包含"全方位评价"中的一群人，但采访问题并不是事先设定好的，而且采访对象可以包括工作伙伴、供货商和其他相关人员。

6. 篮中练习

将客户放在其一天或一周内需要面对的情境中，观察其做什么和怎么做。

7. 模拟和游戏

将客户(通常还有其他人)放在动态模拟情境中。随着其他参与者做出决策和采取行动，该情境中的重要工作问题会经常发生变化。

8. 案例研究

这些都属于相关的情境(通常是真实的或曾经发生过的)，它们将客户放在当前的、未来的或其他相关的职位上，评价他的应对方式与"真正的"解决方案之间的差别。

9. 评估中心

可以由客户或其他公司负责管理，结合其他工具，在较短的时间范围内做出评价。

10. 观察和回应

你观察某一特定事件，例如向董事会做报告或辞退一名员工等，然后快速向客户汇报情况。

11. 排练

模拟某一即将发生的事件，客户可以在安全的情况下进行练习，类似于法律行业中的模拟陪审团。

12. 预先评估和事后评估

大量使用其他选择，你将为客户设定一种起始"基线"，可以是类似位置上的"平均值"，即预期达到的水平，随后是周期间隔所达到的实际水平。

　　有效方法的选择取决于几个因素。通常来说，你将上述 12 种工具整合为 3 个或 4 个"组合包"，进而形成方案中的不同选择。

> 激进现实主义是绝对不能讨价还价的。如果你给出其他选择，客户将无法提出"我应该这样做吗"的问题，而只能提出"我应该怎么做"。

选择教练方法

1. **逐步增加价值。**"组合包"必须意味着价值不断增加，绝不仅仅是简单地实现目标。例如，最基本的选择可能是在前面的列表中都包括工具 1，但是只有最有价值的选择才包括工具 9。

2. **并非客户的买方。**如果买方并不是客户的话，他将对很多问题感兴趣，例如投资、及时性、运行障碍、保密性等。

3. **环境。**在有些情况下，很容易采用聚焦小组或直接与客户会谈的方法；但在其他情况下，由于现实或文化方面的原因，几乎不可能这样做。

4. **速度。**客户可能需要快速解决问题，进而使得很多选择变得不合时宜。

5. **个人偏好。**客户可以通过多种方式获得并接受反馈信息。你必须调整自己的选择，以便实现影响与承诺的最大化。

6. **个性化。**客户的层次越高，教练就应该越个性化。与定制的问题和观测相比较，标准测试的作用非常小。

7. **联系。**你能否参加董事会议，或者客户是否有 85% 的时间用于出差，哪种情况是合理的？

8. **你的技能。**我们在使用专业工具方面并不熟练。请确保你在逐步学习各类方法的同时不断提高效率，但不要拿自己的客户做实验！

提高买方（和客户）的责任感

教练并不是为其他人"做事"的人，这与你听到的某些荒唐的说法完全不同。帮助别人解决难题或实现目标并不属于教练范畴；这只是通过各种经验提供指导，与有人带你穿越西斯廷教堂没有什么区别。你不会朝着导游大叫："嗨，教练！"

教练是指与买方和客户建立合作关系。如果买方并不是客户的话，你的职责将包括：

▶ 坚持按条款获得合理的报酬；
▶ 面谈或根据要求采取其他联系方法；
▶ 为客户提供帮助和支持；
▶ 奉行保密性原则；
▶ 坚持不干涉和不干扰原则；
▶ 如果客户回应不当的话，做出相应的决定；
▶ 项目通过之后提供参考、被推荐人或相关证明等；
▶ 提供相关的文件和履历；
▶ 履行对客户的承诺；
▶ 坚持合约解除条款；
▶ 在必要的情况下联系其他人，包括客户本人；
▶ 提供管理和进程支持；
▶ 协调正在接受教练的团队；
▶ 容忍出现较小的破坏行为；
▶ 快速回应，在最后期限之前完成。

如果买方也是客户的话，上面的职责中应该增加以下内容：

▶ 区分聘用你与承诺接受帮助；

- ▶ 执行商定的行为 (或行动) 的个人责任；
- ▶ 面对恶意反馈，避免各种威胁或反控告；
- ▶ 时间优先；
- ▶ 根据需要，参加各个小组的活动。

买方的责任是从提案阶段开始的。他同意方案中提出的教练目标、成功标准以及对个人和组织的价值。随后是介绍和提供相关的材料，其评估标准包括回应的及时性、是否在规定时间内完成、是否满足了所有的要求等。你需要的是一名热心的支持者，而不是一名妨害者。

你可以开始确定，这些职责会不会像最初的营销会议那样很快被买方接受。如果你一直等的话，约定将被取消，电话和电子邮件也得不到答复，承诺无法兑现，你可以断定这种行为将会持续下去。

> 不要认为差劲的潜在客户会发展成为真正的客户。粗鲁的、违反职业准则的潜在买方将变得专横无理。你不需要这种业务，因为你在这种环境中是不会成功的。

我们已经讨论了全部的合约规则，在提出任何方案之前有必要先讨论它们。

如果可信度非常低的话，我们所面临的最大陷阱是允许买方提出他们的武断选择，他们会随之变成咨询者，进而要求你作为他们的"双手"来完成目标任务。

- ▶ 我们需要有人在接下来的一个月内帮助他。
- ▶ 我们需要有人用一天 (一周) 的时间帮助他提高作报告的技能。
- ▶ 团队在快速运转，他们需要休息。
- ▶ 我们必须帮助他改进语言能力。

如果没有证据，或者证据是错误的、毫无根据的或误解的，你还将听到以下几种假设：

▶ 他缺少必要的团队精神；

▶ 他的忠诚度非常低；

▶ 他不够自信，无法管理其他人；

▶ 面对危机状况，他会变得慌乱不安；

▶ 下属们都不喜欢他；

▶ 下属们过于喜欢他。

在上述说法中，假定的问题具有武断的解决方式：休息、时间范围和需要改进的技能。在随后的假设中，各种情感上的、主观的判断使人们更多地考虑观察者的行为，而不是主体的行为。

一旦你从"心理"假设开始，情感障碍会像"进取号星舰"的挡板那样坠落，任何东西都不能将之穿透。告知某人缺乏团队精神并不能激励他做出诚实的评论。

不过，观察真实的证据，例如某人在参加每周五的晨会时都会迟到 20 分钟，可以得到更为客观的、非情绪化的应答："我每周五都要带儿子去做儿童保健，而且他们关闭了州际公路的所有出口。"

你要确保买方不提供武断的选择、未经证实的理论、预先形成的解决方案或情绪化的想法等。在冷静地考虑现有行为时必须达成一致，然后由此继续下一步行动，但不要假设某种理由。

你的目标是帮助买方意识到，你是全力支持他的，而且你们双方都支持客户，以及履行承诺的前提是你们之间的协作与合作。

第 4 章

表 达 善 意

嗨，我是支持你的！

如何提供高效的反馈

在教练环境中，反馈是个人改进的催化剂。我们之前已经讨论过某些标准，接下来将使用我提出的首字母缩写 (TESTING) 法。

- ▶ 及时性 (timely)
- ▶ 准确性和具体性 (exact and specific)
- ▶ 证据的支持 (supported by evidence)
- ▶ 测试理解性 (testing understanding)
- ▶ 改进导向 (improvement-oriented)
- ▶ 集中性和精确性 (nailed and accurate)
- ▶ 提高可能性 (gain possible)

1. 及时性

你不能像金花鼠那样把反馈储存在脸颊上。"我突然想起你在几周前的会议上没有对相关问题做出回应，我一直都想了解一下。"这种回应是毫无作用的。在行为发生时或者至少在客户汇报时，你必须与他们沟通应该做的事情。

2. 准确性和具体性

最有效和最有用的反馈必须是详细的，这包括积极的反馈。如果好消息的接受者不知道如何重复这种做法，我们就不应该简单地说"做得不错"。反馈的关键点在于改进，需要具有改进不足和强化优势的能力。

我们大家都过于强调强化优势，而忽略了改进不足。教练具有矫正作用，但是更应该勇于发展和提高。

不要说"我其实能够做得更好"，试着说："你需要完成三步：复述这个问题，对此做出回答，然后与提问者审查该问题是否得到了令人满意的答复。你从来没有复述过问题，很多听众可能没有听过这个难题，因此无法评价你给出的回答。"

你看得出其中的差别吗？一名随意的观察者可能会首先做出评论，只有专业的资深教练能第二个做出评论(无论此人是否认为自己是教练)。

3. 证据的支持

推测并不是优秀教练的做法。"看起来人们确实很感兴趣"的说法比不上"书面反馈显示人们非常理解你的观点，90%的人表明自己可以很快使用这些观点"。"你穿得不够得体"，不如说"其他人都穿着商务装，而你却穿着牛仔裤和运动鞋；你的着装看起来不像是他们中的一员"。

4. 测试理解性

这可能是教练反馈中使用最少和被误解最多的方面。你所提供的信息必须体现出有效性和可用性，而不仅仅是投机性和偶然性。

因此，你必须与客户测试这些反馈是否已经被理解、接受和即将被应用。你可以提出以下问题：

▶ 你在下次做报告时会不会使用这些技巧？

▶ 你下次什么时候有机会使用这些新的因素来进行此类评估？

▶ 在什么会议或事件中你可以尝试使用这个方法吗？

▶ 你怎样才能从其他人那里知道这项技术的运行效果很好并

帮助你实现了既定目标？

测试理解性可以帮助你确定运行是否正常，是否可以继续运行，是否已经总结经验教训，基础是否稳定，是否得到支持，是否正在使用正确的范例，等等。如果你没有测试客户对变化的理解程度以及他们将如何应用这些变化，整个反馈过程就没有结束。

这个"里程碑"将帮助你与客户远离平庸的教练。无论他们的初衷有多好，他们都不会关注反馈是否被接受、认可和应用。

5. 改进导向

所有的反馈都是为了做出改进，无论这种改进是"积极的"或是"消极的"。在这种情况下，如果有所帮助的话，所有的反馈都被理解为是积极的。不过，实际情况是，你必须同时发布一些好消息和坏消息。

不要担心"刚开始提供的是好消息，后来却提供了坏消息"，这种担心使我们想起了巴甫洛夫反应，即在提供积极的反馈时，客户一般不会认真听。这是因为，在这种条件下，沉重的打击将很快发生。

如果你已经与客户建立了信任关系，那么任务报告（预定的或非预定的）中应该包含有助于改进客户近期行动的内容。记住，所有的反馈必须是及时的，所以只要关注即将公布的部分就够了。

6. 集中性和精确性

这个要求听起来非常明显，但是有些教练曾经这样说："我可能错了，但是看起来你比原计划超出了 10 分钟。"的确是这样吗？ 1 分钟也许无关紧要，但 10 分钟可能就非常重要了。

7. 提高可能性

你必须关注可以更正的问题。记住，技巧是可以学来的，但行为是可以不断改进的。罗伯特·梅格 (Robert Mager) 曾经说过："有人会研究自己的生活来源吗？"

- ▶ 如果不会的话，那就存在技巧问题；
- ▶ 如果会的话，那就存在态度问题。

仔细考虑一下我们之前对信念的讨论，这些信念阐述了反映在行为中的态度。无法校正的问题包括：

- ▶ 生理特点 (例如，身材较矮或秃顶)；
- ▶ 根深蒂固的信念 (例如，"我拒绝与女人共事")；
- ▶ 缺失重要背景 (例如，不会说或不会学某种语言)；
- ▶ 疾病 (例如，你不能通过教练治疗他人的抑郁症)；
- ▶ 人格混乱 (例如，严重的恃强凌弱或消极抵抗行为)。

有些无法校正的问题是可以容忍的，例如身高或残疾，但是对于某些工作来说，有些问题是不可以容忍的，例如反应能力较差就不能成为飞行员。

> 教练是一种职业，也是一项业务，但它不是大众性竞赛或"安全港"。尽管你的语言应该是客观的、具有移情作用的，但不能带有同情心和虚伪性。从某种意义上讲，教练相当于棒球裁判，主要负责判定投球和挥棒击球，然后考虑击球手如何才能改进下次击球的效果。

如何证实自己的假设和信息

假设、设想和猜想主要有以下两种来源。

1. 客户提供假设、设想和猜想，通常采用报告或幻灯片的形式，以此显示其真实性和严肃性，实际上这只是客户对某项行业存在偏见或未经证实的信念的结果，而这名客户每天在此项业务上需要花费很多时间。

2. 你根据以往的经验从潜意识出发提供假设、设想和猜想，认为适用于此地的必将适用于其他地方。

换而言之，你和客户都可能做出某种假设。无效的假设和未经证实的结论是教练中的"怪物"。它们从一开始就对你的项目产生重大影响，造成一系列令人感到忧心的问题。

下面是客户将要提出未经证实的结论的一些信号。

▶ 经验告诉我们……(是的，但是条件有没有发生变化？)

▶ 只要发生这件事，那件事肯定会发生……(好，但是相关性并不等同于因果关系。)

▶ 我们相信……(当然，但是很多人也相信尼斯湖水怪。)

▶ 达成的共识是……(很好；当然了，舆论也会指鹿为马。)

▶ 我们建议……(可以理解，但是在这种情况下，你突然变成了一名教练，对我有什么好处？)

▶ 我们知道他犯了错误……(对，股票市场瞬息万变，但是有用的信息是"为什么？")

▶ 这种情况最近一次发生……(……很明显，你还没有做最后的决定。)

下面这些致命的问题将严重影响你自己的客观性。

▶ 你以固有模式处理类似的情况或做出错误的反应。

▶ 你开始假定谁是"犯错"的人，随后对其进行责备，而不是寻找原因。

▶ 你偏袒某一方 (支持管理层、反对管理层、支持销售、反对研发等)。

▶ 你忽略认知方面的不一致。你相信别人的说法，不愿意去观察其他方面。(她耐心地听取员工的意见，并在需要的时候允许出现特例，但其他人却认为她专制且自私。)

▶ 你所关注的是效果，而不是原因。(这是最后一点，却非常重要。)

下面是一个简单的测试。在下面的场景中，你更担心谁？

三名员工找到他们上司的经理，抱怨他们的上司处事很不公平，从没有兑现过关于带薪休假的承诺，而且没有提供过新设备。经理决定寻求你的帮助，他不愿亲自介入此事，因为过多地与这三名员工交涉将影响这名上司的地位。他告诉你，这名上司前两周一直在生病，最近才刚刚康复并开始工作。这是他第一次听到这样的抱怨，而且当他向这名上司了解情况时，她说："一切正常。"

你更担心谁？

我担心这三名员工，因为他们不应该总是抱怨，却这样做了。我只是间接地了解了他们提出的要求。我正是准备从这里入手。经理可能已经与这名上司讨论过，但是这不是我优先考虑的问题。而且，我对这名上司一无所知，除此之外，我第一次做这样的事情。

> 使用自己看到的、听到的和确认过的信息，不要听信谣言、暗示和猜想。记住，无论是高层管理团队还是工厂管理层，都会在证据不足的情况下采取行动。这是轻率的，有风险的。

教练是一个过程，而不是一件事情，而且必须具有坚实的基础。否则，你就会为根本不存在的问题制订烦琐的解决方案，而且会对毫不相干的问题做出非常复杂的决策。

下面这些技巧可以帮助你证实自己的假设，以及你所得到的信息。

验证技巧

1. 保持适度的怀疑态度

保持适度的怀疑态度，就像侦探或调查记者一样。正如杰克·韦伯 (Jack Webb) 在广播剧《警网》中所说的："我们需要的只是事实真相。"从经验主义的角度来看，客户告诉你的并非都是真实的。大多数客户不会恶意地撒谎，但他们会下意识地撒谎。

2. 观察并发现证据

从长期 (而不是偶尔) 来看，行为是不会撒谎的。确定你所得到的信息能否得到证实。

3. 寻找模式

发生一次的是意外事件，发生两次的是巧合，发生三次的可能就是模式化事件。如果一个人做出评论，那可能只是他个人的想法。如果 8 个人做出同样的评论 (例如，"他从来没有为主持会议做好准备，而且每次都不会遵守会议日程")，那么这种评论就可能是准确的。

4. 要求提供实例

尽快使用反馈，从想法转化为行动。"她肯定缺少必要的团队意识。" "真的吗？哪些证据或行为可以支持你的结论？"

5. 找到根源

如果某人的名字经常被描述为"问题"或"症结"，你可以找其本人谈话。可能有人支付费用并要求其成为这种障碍，例如律师、审计师或质量控制专家。

6. 模拟情境

如果某人不是一名合格的聆听者，经常打断别人讲话，那么可以安排他参加一次对话，并观察其他人是否会实时提出对他的批评。

教练目标是将客户从当前状态发展到更为理想的状态。你必须确保这种理想状态是可以达到的，而且与此相关的预期也都是准确的。但是在此之前，你必须确定对当前状态的评估是客观的。

当代游吟诗人比利·乔 (Billy Joel) 曾经说过："过去的美好时代并非如此美好，而未来也不像看起来那么糟糕。"反之亦然。

你不是通过教练得到他人爱戴的，那样的话你将得不到任何好处。不要因为寻求意外的运气而破坏自己的效率，或者因为担心影响自己的声誉而不愿指出问题。你不能因为自己的声誉而付出一切。

学会处理障碍和逆境

你并不能总是看到自己未来能得到什么。无礼的、缺少职业道德的潜在客户很少能发展成为合格的客户，但是看起来积极的、急切的潜在客户却很容易变成差劲的客户。尽管你付出了最大努力，并进行了认真分析，但建筑物的表面仍然有可能出现裂缝。

下面是造成上述问题的相关原因。

▶ 客户本身并不是买方，他们想通过表现出对改进的渴望来取悦买方。

▶ 对某一层次上的所有人来说，教练是强制性的，但是有些人认为没有必要，他们仅仅是听从组织安排。

▶ 买方本身就是客户，但是在承担不同角色时的做法是完全不同的。客户聘用你的决策是明智的，但是在使用你的帮助和建议时却带有情绪化反应。

▶ 预期是错误的，这可能是买方的错误，也可能是你的错误，或者是双方共同的错误。某种意义上的预期（例如，偶尔一次令人愉悦的谈话）可能得不到方法论（例如，坦诚的、直接的评价）的证实。

▶ 自我形象与现实情况不符，客户希望得到更多积极的反馈，并认为自己在这些问题上的表现比你的观察或反馈好得多。

▶ 由于某些原因，你看起来既不像一名同事，也不像一名可信的专家。

▶ 组织的优先考虑顺序突然发生变化。

▶ 个人问题发生变化并产生影响。

▶ 你表现很差，而且非常明显，或者你违反了约定（例如，违反了保密协议）。

▶ 其他人给客户的反馈不同于你给出的反馈。

上面列出的原因确实非常多，但它们都曾经发生过，而且有时候在一次事件中会同时出现几个原因。

这种情况的后果包括抵触心理、顺从但不接受、拒绝使用你的建议、诋毁你的工作等。我曾看到很多人更多地诋毁的是教练，而不是咨询师，或者诋毁咨询工作中的教练部分，因为这项工作过于涉及客户的私事。客户与买方之间的私人会谈、正在传播的谣言以及难以管理的团队，这些现象都表明有人对你的教练工作存在抵触情绪。

幸运的是，我们知道了这一点。接下来将讨论如何应对这些情况。在你的职业生涯中，肯定会出现这类情况，所以没有必要担心。

1. 预防措施

正如以前的西方电影中所提出的，最有效的做法是从根源上解决问题。如果你阻止了各种潜在原因，那么问题就不会出现或有所发展，所以这是迄今为止最有效的方法，应该成为教练工作中的常规做法。

首先，测试买方与客户之间的理解程度。在见到客户之前不要接受任何教练任务。未见到客户，只是见到买方是远远不够的，而且人力资源部门通常不被包含在其中。确保买方和客户都能理解你的工作方法、各方的责任、沟通的方法和本质、保密的限度，以及当一方不满意时应该怎么做。没错，刚开始就要制定解决问题的程序。

我们已经讨论了其他可以选择的方法，因此你应该解释这些不同技巧的特点、要求和结果，或者至少可以解释你认为适用于这名客户的技巧。建立买方、客户和自己之间的合作关系，或者建立团队、买方和自己之间的合作关系。

要求客户正式承认这些条件和方法，并将其作为附件增加到方案中。如果买方签署了方案，但买方并不是客户的话，必须要求客户亲自签署附录。

帮助客户应对伴随着教练而来的各种传言和抱怨，尤其是在团队教练的时候，每个人的表现是不同的。可以预先设定这样的协议："如果你不相信别人对我的说法，那么我也不相信别人对你的说法。"

最后，好好努力，认真准备。不要在毫无准备的情况下做出评论，也不要讽刺其他人。确保组织不泄露秘密的办法是，组织中根本没有任何秘密。

2. 临时措施

有时候，预防措施并不能防止问题的发生。你可能会忽视某个问题的成因，或者预防措施被人忽视或效率较低。例如，告诉某人不要听取缺乏经验的人给他的反馈，但这并不能确保他会听取你的意见。此外，预防性措施不可能覆盖100%的问题。相关业务以及个人优先考虑的问题会不断发生变化。

因此，如果发生问题的话，客户会抗拒、不满或对你提出批评。请遵循下列规则。

1. **承认这种不一致。** 不要对客户的责备或苛责做出评价。可以简单表明自己的态度："卡罗尔，关于你在上次客户会谈中的表现，我们之间可能存在分歧，为什么不实事求是地谈一谈呢？然后分析一下应该怎么做。"

2. **使用证据。** 不要对别人说他过于自我。你可能经常会发现自己的教练对象是流浪者或装腔作势的人，但是即使对这些人来说，从情感上抨击他们是没有任何效果的。相反，你应该说："你跟我说过，会议上下属对你的评价没有超过10个词的，他们也没有砰地一声把门关上。这也是我所看到的情况。哪些问题使你产生了其他想法呢？"

3. **问一下怎样才能取悦客户。** 这可能远远超过你所能够提供的。例如，你的客户可能会说："我所需要的反馈必须非常接近我的真实表现，而且必须由你亲自告诉我，不能在第二天早上通过电子邮件告诉我。我希望你能多待一会儿，然后立刻为我提供反馈，即使你所说的并不完整。"

④ **不要辱骂对方。** 应该一直使用专业的语言，而且要如期完成约定的工作。一定要正面解决这个问题，如果不立即改变的话，你可以让其立刻停止工作，并将这种行为向上级反映 (即使你的客户和买方是同一个人)。

⑤ **考虑延缓，甚至终止关系。** 如果业务优先级非常严格的话，可以暂时中止这个项目 (假设你无法提高客户对服务的需求程度)。如果私人问题比较严重的话，你可以建议提前终止项目。①

图 4-1 可以帮助你理解措施的效果，以便预防和解决教练过程中的阻力和其他问题。

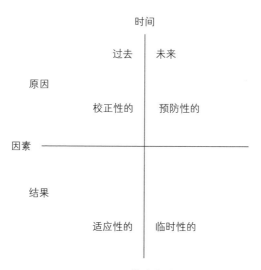

图 4-1　措施类型

校正性措施针对的是已经发生的事件，因此你希望彻底清除它们发生的原因。

---

① 这就是你应该提前收取费用的原因，或者至少在项目开始时收取。详见关于"费用"的章节。

例如：客户抱怨说买方要求提供进程报告，而这些进程可能是不必要的或难以接受的。你要求买方审查你们的合约规则和相关协议，并要求他们停止上述要求。因此，问题的原因也随之消除。

适应性措施是为了减少问题所造成的结果，不会涉及原因。

例如：客户拒绝与你见面，因为在商务活动中没有真正的隐私，而且他不想被人看到他和你在一起。适应性措施意味着只能幕后见面。其可能仍然缺少隐私性，但不会再造成这种问题。

预防性措施是为了避免和消除未来问题。

例如：如果机密性是一个重要问题，你可以告诉客户和买方，沟通和反馈只局限在你与客户之间，除非客户有其他想法，但是买方可能不会施加压力来促使这一切发生。

临时性措施是为了在问题发生时解决它们造成的结果（预防性措施是不可能或无法这样做的）。

例如：客户通知你，她失去了一名重要的员工，结果造成自己的时间远远不够用。你预先签署了协议，要求发生意外时可以暂停教练达 30 天。签署这种协议后，可以通过每周的电话把推动力维持在最低水平上。客户和买方在这一点上都会提前达成协议。

阻力是经常出现的。从长期来看，重要的措施是努力预防这种阻力的出现，但也要通过机制来有效解决和缓和这些阻力。

避免政治因素

下面的案例研究将引导我们进入一个经常被忽略的领域。

从消除谣言到董事局会议，组织中的政治内容千差万别。实事求是地说，不可能彻底根除这种因素。但是，由于可能会干扰你的教练，必须注意既定客户身上的政治因素。

在图 4-2 中，我设计了两种情境。组织只能运用自己 100% 的资源和精力。因此，当有的经理说"让我们投入 110% 的资源和精力"时，我不知道他们是什么意思？精力是有限的，所以问题很简单：精力主要用于内部的政治问题，还是外部的客户问题？

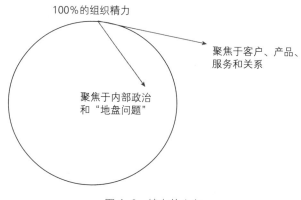

图 4-2　精力的去向

在我所工作过的效率最高的企业中，这个比率为 10:90。换而言之，10% 的精力用于解决内部问题，而 90% 的精力将用于销售、服务、留住客户、提高市场份额等。

但是，在效率最低的公司中，精力主要用于解决以下问题。

▶ 为什么她的办公室那么大，而我的办公室非常小？

▶ 你听说过明年将开始薪酬制度改革吗？

▶ 我觉得周五下午可以早点儿下班，即使没有收到通知。

▶ 你听过附近的一家公司正在招人吗？

你不可能彻底清除办公室中的小道消息，但是你可以营造一个这样的环境：大多数精力在大多数时间用于支持组织的战略目标和策略要求。

案例研究：不能改变的因素

　　我曾经培训过一位执行副总裁，他的名字叫罗恩，是该公司创立者的儿子。这家公司的总资产已经达到10亿美元，而且被另外一家企业巨头所兼并。罗恩的父亲很早就退休了，但是现任总裁表示他将继续关照罗恩。

　　罗恩只有四十几岁，他的部门每年都能实现既定的销售目标。不过，他表现得非常冷酷，甚至有些残暴。他经常当众批评下属，乱扔东西；在开会时突然离场；会取笑自己的同事。他已经辞退了4名教练，但是从没有改变过自己的性格。

　　我曾经在母公司担任咨询和培训工作达10年之久，他们要求我会见总裁并负责解决"罗恩的问题"。这名总裁对我的帮助表示欢迎，并激励我尽快改变罗恩的这种不正常的行为，并授予我完全的自由行动权。

　　我注意到了之前别人警示过我的所有可怕行为。我见到罗恩之后，他立刻同意我们所讨论的一切事宜，表示将尽快做出改进，并对我的帮助表示感谢。但是，他一点都没有改变！这种情况持续了两周的时间。

　　我找到总裁并对他说，罗恩根本不打算改变自己，他所做的工作并没有什么独特性，该部门或母公司的其他员工也可以顺利地完成。总裁表示他必须保护罗恩在公司的地位，推测公司员工可能认为罗恩虽然与众不同，但仍然是一名成功的管理者。

　　他要求我继续培训罗恩，但是我拒绝了。我告诉他，他实际上有两种选择。

　　（1）他可以将罗恩调离这个职位，既可以把他安排在一个很少与人打交道的职位，也可以干脆解雇他，但要给他适当额度的补偿金。

（2）我可以回到母公司（即我的买方），并告诉他们可以这样做。

总裁被这些提议吓呆了，因此我很快就终止了我们的谈话。"你知道，你们部门的人认为你和罗恩一样，都很恶毒，而且报复心很强。"

"不可能，"他大叫起来，"我每天都和他们互动，听取他们的意见，并为他们提供支持。"

"是的，但是你的消极态度为罗恩的行为提供了支持。其他员工认为，如果没有你的暗示或明确批准，他不可能那样做，母公司的上司也是这样想的。"

事实的确如此，罗恩离开了公司。前后大概持续了一个月的时间，但是罗恩最终还是离开了。

于是，我们可以从中得出经验教训：

▶ 有些人无法改变或不愿意改变，你只是一名教练，不是救世主。

▶ 病理学上的不正常行为需要专业治疗，而不是培训。

▶ 发现买方的个人利益，从而获得他的支持。

▶ 永远认为改进是有益的。

政治分析技巧

▶ 买方或客户是不是经常讨论如何"击败"或"打击"内部同事？

▶ 大部分谈话是否是关于同事的，而不是客户的？

▶ 大家是否认为教练的目标是取悦某些内部人士，而不是为了满足改进绩效的需要？

▶ 是不是有人告诫你不要与某些人谈话，却必须与其他人谈话？并不是因为后者对组织的投入，而是因为他们必须被包含在内，并让他们感觉有人向他们咨询。

▶ 有没有人告诫你不能讨论某些话题或主题？

▶ 客户是不是经常讨论其他人以及他们对自己绩效的影响，而不是讨论自己的改进能力？

▶ 客户是不是更关注怎样做才可以取悦买方，而不是关注如何提高自己的工作能力？

▶ 是不是有人禁止你与某些同事、客户，甚至下属说话？

与客户签署非公开规则和保密协议是很正常的做法。但是，卷入政治斗争是不正常的，也是不可避免的。

> 像这样对客户说话是没有任何问题的："看，你一直在讨论'状况'以及'它们'将做什么。我们为什么不关注你的行为，以及怎样做才能实现自身成功和组织成功的最大化？"

如果你所面对的是政治性非常强的环境，这并不意味着你必须辞职或者无法提高工作效率。但是，这种情况确实意味着你必须采取某些预防措施。

① 使用以前的标准判断政治影响力的程度。我的基本原则是，比率超过 25:75 就会出现问题。换言之，如果超过 1/4 的讨论、关注点、定位和行为等的导向是内部问题，那么就可以断定这是一个政治性很强的环境。[①]我曾经见过并曾经在比率超过 75:25 的组织中工作过。相关的解决办法是理解这种环境并相应调整自己的行为。

① 注意：关注更好地利用技术和改善工作环境等内部问题并不具有政治性。我所讨论的是人与人之间以及部门之间的怨恨、游说、偏袒等问题。

❷ 要想"相应调整自己的行为",应该做到不偏袒。你必须关注客户的改进,而非关注与内部竞争者之间的争斗。不要毁谤他人或拒绝尊重其他领域。

❸ 不要参与任何政治行动,也不要被动地提供支持(参考关于罗恩的案例)。若客户或买方说,"如果电话中心的员工在没有脚本的情况下无法思考,那么我们可能很难改进客户关系。"你需要做出回应:"我们不要担心那些我们无法控制的人,但是必须努力影响那些可以通过新行动对其加以控制的人。"

❹ 不要变成背后流言的传播者。告诉你的买方或客户他们需要听取哪些信息,但是没有必要告诉他们你曾经看到部门副经理与来自其他部门的两名员工召开私人会议,而这两名员工是相互竞争的关系。那样做是毫无帮助的。不要通过这种政治性的合作来获得支持。

❺ 两面下注,以便应对不同的情况。专业地对待每个人并尊重他们。你不知道自己的业务将从哪里开始。不要向任何不应该知情的人展示自己的改进情况或取得的成果,但是你的态度必须是诚恳的。应解释你的进程,并提供非正式的帮助(如果这种帮助可以取悦自己的潜在客户)。

所有的组织都有自己的政治环境,这是正常的,也是合乎常规的。尽管如此,它们仍然是效率很高的企业,可以在你的帮助下利用核心员工获得盈利。你所需要做的是在这个过程中保持职业性和独立性。

你是一名教练,不是一名政治合伙人。

接下来我们讨论如何提高自己的教练能力。

第 5 章

方法论、技术与类推

> 这是一个可以让你拥有百万年薪的培训工具包。

培养人际关系的技术

我们深入研究一下你所使用的方法论。这并不意味着囊括全部，却代表了具有实际帮助的主要类型，这些并不需要专门的学位或证书，而且你可以为客户定制这种服务，进而提高你的价值。

我们首先讨论一种称为"培养人际关系的技术"的类别，这意味着你需要与客户进行实质性的互动。

1. 观察与反馈

如果你知道自己寻找的目标，那么观察他人是非常具有启发性的。在观察过程中，你不是在寻找某个人在一天中的完全形态，而是寻找与改进目标相关的某些情况。

例如，如果改进目标是加快下属员工的发展，你将希望观察到以下情况。

▶ **下属员工要求你提供帮助。**你的客户是否会提供可以解决问题的技术和想法？或者他是否会直接帮助其解决问题？

▶ **员工发展方面的投入。**你的客户是否会主动探听下属的需求？或者他是否只是要求他们参加培训（或要求人力资源部门这样做)？

▶ **如何应对下属员工收到的投诉**。客户是否会训斥相关人员？或者询问此人是否希望安抚投诉的人？

观察的关键(我之前称之为"如影跟踪")是安排好时间，以便看到问题发生时的情况。

2. 评估

请你在这种情况下观察一个具体事件或动态。你可以观察员工向管理层的汇报、员工的测评会议或者员工向客户打电话；然后，评估这些可能发生问题或需要做出改进的具体情境。

这种做法类似于观察与反馈，但是不同之处在于它可以高度当地化、具体化和进行周密安排。

3. 排练与角色扮演

在这些情况下，你和客户都是在练习。他可能在为员工会议准备演讲，或者假装拨打销售电话，或者处理一项投诉，等等。

这些角色扮演可以建立在即将发生的真实事件的基础上，或者参考以往事件总结出来的案例。角色扮演的优势在于，它们可以在某个具体时段内重复，不必依靠某些泄露出来的事件，而且你和客户可以在适当的情况下调换角色。

> 不要等到"完美的时刻"才开始观察并与你的客户进行互动。必须经常观察客户，这样的话，某些事件才更有可能发生，并再现随时可能再次发生的事件。

4. 全方位评估

我之所以在这里讨论全方位评估，是因为我认为你应该设计评估标准，而非依靠现成的标准或电子版本。

全方位评估是指，在客户和你(如果有必要的话，还可以包括买方)的同意下对客户的联络人进行一系列采访。他们通常包括同事、下属、上司、客户、供应商和其他具有工作关系的人。

为了重新设计高效的全方位评估，你必须知道哪些是预期的信息。例如，如果你努力确定客户设定优先顺序的方式，你的问题应该是前后一致的，而不是不明显的。不要提这样的问题："他是如何设定优先顺序的？"你应该这样问："他如何确定哪些需要亲自去做？哪些可以分派给别人？"或"是否错过了最后期限？为什么？"

理想的情况是，你应该：

- ▶ 确定受访者的名单；
- ▶ 安排采访活动，解释采访的特点：
  - 人员和问题
  - 完全机密性
  - 时间长度
- ▶ 通常会持续 20 ～ 40 分钟，这取决于受访者的健谈程度；
- ▶ 认真做好记录，在总结时再次检查记录的正确性；
- ▶ 准备 6 ～ 8 个问题，在得到回应后再增加后续问题；
- ▶ 前期样本出现之后，将其以问题的形式用于后面的采访；
- ▶ 隐藏可能违反保密性的任何东西[①]；
- ▶ 完成评估之后向客户汇报，并准备问题样本，不要在反馈中使用"一次性的"或单一的观点。

如果你在教练一个团队，可以在每次采访中使用关于所有成员的问题，也可以选择单独汇报采访结果或者同时向整个团队汇报。(我建议你同时采取这两种方式，避免在私人会谈中使用敏感性较高的个人反馈。)

5. 意外发现重要信息的能力

私人的人际关系教练的好处之一在于，事件都是实时发生的。你可以观察到客户没有报告的问题，这并不是因为他在尽力掩藏，

[①] 如果部门中唯一的一名出差人员指出差旅费的审批速度较慢，那么你将不得不采取其他的处理办法。

而是因为这些问题非常不明显——客户有盲点。它们可能包含在发展目标中，也可能没有包含在内，但是它们不能构成"范围蔓延"。换言之，我们可以安全地提到这样的事实：客户忘记说"谢谢你"或者将车停在错误的停车位上。

如果你只关注刚开始制定的发展目标，可以避开很多反馈，而且有权增加很多你认为客户会感兴趣的东西。

我们都希望别人告诉自己，我们可能会把生菜卡在牙齿上，因此在与上司共进晚餐时避免吃凉拌沙拉。此外，这也有助于帮助你知道自己什么时候喊错了别人的名字！

远程技术

由于技术和我们接受程度的局限性，远程教练的机会既可以被人接受，而且效率非常高。

有些远程教练中包含着之前讨论过的人际关系技术，比如：你通过电话进行后续跟踪，客户向你发送电子邮件，等等。当然，你可以在这些天执行远程教练项目，这样做的效率会非常高。

因此，我所说的"远程技术"是指可以与个人手段搭配使用或者独立使用的各种方法。随着全球化经济和高新技术的协同发展，后者已经变得更加普遍。

案例研究：远程培训

我在惠普公司的大买主曾经要求我帮助其完成一个培训项目，我们双方都同意该项目需要持续一个月的时间，费用大概是 5 万美元。

"你什么时候来我们这里？"她问。（惠普公司位于美国加州的山景城，而我住在美国罗得岛州。）

> "我不想去。"我指出。
>
> "你根本不想来这里?"
>
> "是的。"
>
> "为什么不想来?"
>
> "你向谁汇报工作?"
>
> "你知道我向谁汇报工作,就是布鲁塞尔的乔治。"
>
> "他又向谁汇报工作呢?"
>
> "香港的卡尔。"
>
> "你们都见过面吗?"
>
> "没有见过。"
>
> "我只是希望能在其中发挥作用。"
>
> 该项目是以远程方式完成的。

下面是你可以使用的几种远程技术。

1. 电子邮件

- ▶ 优势:不受时间限制,可以使用附件,包括音频和视频文件等。
- ▶ 劣势:没有声音或语调的变化,发送时可能比较匆忙,一旦发出就不能撤回①,而且有时候缺乏安全性和保密性。

2. 电话

- ▶ 优势:可以使用和听到音调;做出实时互动,这对于角色扮演非常有用;可以是自动的。
- ▶ 劣势:没有非语言行为;不适用于时差较大的情况;会造成冗长乏味的长时间对话;可能会受到干扰。(对于这种远程技术,手机存在很多问题,建议使用座机。)

---

①把需要发出的邮件放在草稿箱或其他文件夹中,在发出涉及情感或敏感问题的邮件前要反复思量。

3. Skype等相关技术

- ▶ 优势：结合了电话和视觉接触；成本较低；可以是自动的。
- ▶ 劣势：技术不够稳定；存在时差问题；只能看到说话者的头部。

4. 虚拟办公室(通过视频技术把双方所在的环境连接起来)

- ▶ 优势：高度逼真；虚拟的实际互动。
- ▶ 劣势：非常昂贵；需要特殊设备；在指定的地方才能使用。

> 不要"轻视"私人教练或远程教练。找出客户的根本利益所在，使用最有效的和最适用的方式或组合。

对于实用的和综合性的教练来说，理想的情况是结合人际关系和远程方式。双方之间的关系越密切，远程方式的效果就越好，因为双方之间的信任感可以解决沟通故障和失误。人们很少会在事后做出这样的评论："他那样说到底是什么意思？"

在理想的情况下，我的经验是大型教练项目将包括 40% 的人际工作和 60% 的远程工作。后者所占的比例越高，你可以减少的劳动强度越多，但是这不能以损害客户的改进速度为代价。如果客户说："你去哪里了？前几天我很需要你。"这是向你提出警示：你认为远程沟通是足够的，但客户不这么认为。

什么时候远程教练能单独发挥作用？只有在以下情况中才可以。

远程教练标准

❶ 这个问题并不是综合性的，而是集中性的。例如，客户在撰写汇报材料或处理组织问题时需要帮助，而不是在达成销售交易方面需要帮助。

❷ 在某种条件下不适合使用人际教练，或者人际教练的成

本非常高，例如双方之间的距离、差旅计划、预算等。

③ 你的声誉非常高。考虑到你的工作和成果的声望，人们不愿意采用远程教练的方式。

④ 你所在的市场中经济基础较弱，而且只存在情境需求，例如小型企业、非营利性企业、教育行业等。

⑤ 客户习惯于并倾向于远程服务，例如销售团队、维修人员或军队等。

⑥ 如果可以的话，你不愿意出差。

⑦ 你所拥有或可以使用的技术能够实现远程教练效率的最大化。

⑧ 隐私保护是一个关键问题，即使是远程会议，对客户来说也是有风险的。

我们将在关于费用的章节讨论如何为这些不同的形式制定价格。但是现在请记住，人际教练通常是效率最高的形式，不过有时候确实很难实施，因此远程教练变得越来越常见，其效率也随着技术的发展而不断提高。

互联网和电子技术

我们先讨论一下互联网以及它在提供远程帮助或造成远程伤害方面的强大性能。无论距离远近，越来越多的教练都不用亲临现场与客户进行互动。如何充分利用互联网的优势和避免其不足之处呢？

要记住下面的这些标准和规则。

1. 可能会遗漏部分沟通内容

目前较为普遍的说法是，一半以上的沟通效果来自非语言行为，而词语是教练职业的主要工具，但是不可否认的是，非语言行为将对教练效果产生重大作用。若通过电话、电子邮件、传真，甚至 Skype 等视频工具进行教练，则双方不会考虑到肢体语言上的细微差别。

　　因此，你必须非常谨慎地测试双方的理解情况，而且你必须认真地倾听。现场教练可以摆出贪婪的姿势，时刻准备着发现某些行为后采取行动。但是，远程教练必须非常有耐心，而且态度要温和。

　　注意到客户做出的反应 (尤其是重复性的) 后，你的反馈就有了明确的证据。但是，当客户仅仅指出自己意识到的问题已经发生时，反馈就会存在很多问题。

　　因此，你可以提出下列问题。

▶ 其他人具体都说了什么？请你尽量准确地说。

▶ 你注意到他们做了什么？描述他们的具体行动。

▶ 你为什么会得出这样的结论？你有哪些证据？

▶ 请说出具体的发生时间和地点？是在什么条件下发生的？

此外，你还可以提出下面的测试问题。

▶ 如果下次再出现这样的情况，你将如何调整自己的行为？

▶ 以后你将做出怎样不同的结论？

▶ 下周你将如何避免这种情况？

▶ 你将如何提醒自己想起新的反应？

> 　　不要在人际培训或远程培训中使用同样的行为。调整自己的行为，以抵消不在现场的劣势，同时强化远程培训的优势。

2. 提高互动的频率

　　通过使用技术，"实时"教练得到了快速发展，因为客户在关键时刻可以联系到你并得到反馈。(无论你只能采用远程教练或者可以同时采用人际教练，这都是非常有价值的。) 我曾经通过手机发短信或邮件的方式帮助他人，这些人可能马上要参加重要的会议或者即将面临其他挑战。有些人在会议过程中也会给我发短信，但我并不鼓励他们这么做。不可否认，这种方式的"实时"程度是最高的。

你必须谨慎一些，不要造成双方之间的互相依赖。教练的初衷是转让技能和改进行为。但是，如果客户在面对所有重要问题时都会立刻联系你，而且很多问题都已经讨论过并得到解决，那就说明他产生了对你的依赖，这意味着技能转让没有发生。换言之，你变成了一个搜索引擎，而不是一名指导者。（我没有必要学习怎么拼写这个词；我可以随时在网上查阅；我不需要掌握如何制定会议日程；我可以随时通过电子邮件要求教练修改我的日程安排。）

远程会议一定要相对简短，制定双方做出回应的时间要求。例如：

- ▶ 必须在三个小时内回复电话（假定统一时区）；
- ▶ 必须在一日之内回复电子邮件；
- ▶ 必须在一个小时内回复短信；
- ▶ 联络时间为朝九晚五（当地的工作时间）；
- ▶ 每周五早上打一次电话，每次持续 30 分钟；
- ▶ 提前一周通知对方你的休假时间；
- ▶ 在对方的请求下可以有例外，例如董事会议之前的周六晚上。

你明白了。你可以制定"远程合约规则"，从而与客户建立人性化的关系，尽管你可能不会亲身会见客户。

3. 你在利用环境和其他因素方面受到限制

也许最严重的缺陷是你几乎全部依靠自己的客户（或买方）了解环境和其他各方面情况，其会对客户及其行为产生重大影响。有些技术可以用于缓解这个问题。

- ▶ 在得到许可的前提下与其他重要人员商谈，最好是通过电话，至少也要通过电子邮件。这些人员包括同事、下属、客户等。你可以要求买方或客户当面把你介绍给其他人。

▶ 不要大笑。要求客户把环境和重要人员的照片或者视频发送给你。如果你能事先了解客户的经营环境，将大大提高你的工作效率。在当前技术之下，这一点很容易实现。此外，环境中要包括客户的工作区域。

▶ 经常查看客户组织的网站、书面材料和相关信息。努力得到来自文化的"帮助"。

▶ 与客户测试你所提出的假设：

- 会议是在会议桌旁或会堂里举行的吗？
- 与会者都穿着什么风格的服装？
- 与会者是否集中精力，或者他们不断地看自己的手表？
- 什么时间召开会议？

实际上，我们可以像侦探那样考虑问题。首先了解一下"概况"，以便测试自己的结论并提出新的假设。

如果你能充分利用其优势，同时能将不足降到最低程度，那么其将对你通过技术完成远程工作大有裨益。（我们将在讨论费用时探讨定价的差异。）

思考一下自己发出去的电子邮件，你希望自己从来没有写过这封邮件；思考一下自己到达某处后立刻更改的错误印象，在此之前你曾有过完全不同的印象；思考一下你对与业务伙伴之间的技术性沟通的误解次数。

如果其他人的职业生涯和未来都处于危险之中，你不能允许这些问题的发生。从技术角度上不能允许，从测试和评估方面来看也不能。

配有仪器的技术

接下来我们将进入深水区，请确认救生艇上的应急措施。

随后是不停地测试。它们的范围从颇受关注的、长期的心理学仪器到占星术，而这种占星术仅仅意味着向教练提供其他收益流。（有些人告诉我他们具有超自然的能力，还有人告诉我很多其他人从未察觉到的事情，例如我喜欢使用自己的水塘或驾驶自己的宾利车。）

以前，为了提高测试的效用，美国心理学会曾使用过以下标准。

▶ **标准的有效性**。测试变量如何预测被描述的结果？

▶ **内容的有效性**。测量标准如何代表整个社会构想，例如，测试中是否体现或忽视某些重要的维度？

▶ **协同的有效性**。测试结果是否与以前的有效结果有关系？（换而言之，当前的完美表现者会在测试中得到高分吗？）

▶ **重测信度的可靠性**。如果同一个人在同样的条件下参加测试，测试结果会不会一直保持不变？或者测试结果会不会毫无理由地发生变化？

我决定不参加心理学 101 测试，但是我建议你参加 APA 测试，这项测试的审批是一个成本很高、时间很长的过程，因为其中不仅包括一般测试，还需要在不同的文化环境中进行测试。纵向研究的设计初衷是测试不同时间段的效力。

即使是关注度很高的测试，其测试目的也千奇百怪。著名的明尼苏达多项人格问卷 (MMPI: Minnesota Multiphasic Personality Inventory) 是为了测试谁更适合参加第二次世界大战，其测试基础是乡下的农民。MBTI 职业性格测试是由一名毫无心理学基础的女性所设计的。

不要考虑这些问题，我们首先提出以下重要的观点。

① 大多数传统测试是为了区分不正常的行为和不健康的行为，而不是为了辨别和标明不同类型的健康行为。因此，老套的四象限式测试模型都是基于简单标准的随意分类。

② 任何标签都会很快打造一套先入为主的概念。"你期望从分析结果中得到什么？"这种问题不会帮助你理解或

影响其他人，反而会将他划归为贬低他人的类别。(这个
问题非常接近下面的信念，即"你对处于这个位置上的
女性有什么期望？")

③ 大多数"强迫选择"测试都有内在缺陷，因为它们会强
迫人们做出某种选择，即使人们对所有选择的喜欢或厌
恶程度处于同等水平。如果这种问题非常多的话，测试
结果将是不准确的。

④ 很多测试在性别、民族和文化等方面存在严重的偏见。

⑤ 如果测试的成本为 12 美元，而销售价格可以达到 24 美
元的话，这种测试可以提供各种收益流，而不是综合性
的分析。

⑥ 测试不需要广泛的私人研究和绩效标准，因为使用者通
常是令人怀疑的。

> 你并非通过把人们进行归类来帮助他们。这适用于 X 一
> 代、婴儿潮一代、最伟大的一代 (greatest generation)。
> 虽然这会令人感到惊讶，但教练首先要承认每个人都是独
> 立的个体。

　　测试及其结果经常发挥缓和剂的作用，可以缓解某些行为和
结果，提高其合理性。它们把人们比作其他人或武断的基准，忽
略了个人及其所在的环境。我曾经看到一名客户努力提高所有高
层管理者的"领导商数"。对话只是关于"从 6.1 到 6.4"，即最
低限度的"可以接受的回应"。这是一种疯狂的行为。任何人都
不关心真实行为，只关心测试结果中的小数点。我必须依靠具有
影响力的人来停止这一切。

　　如果你选择使用测试，最好的办法是与心理学领域的专业人
士合作，他们应该具有资格证书或受过专业培训。例如，我曾经
教练过一家大型报纸的工作人员，他在每项工作中都存在问题，
我曾怀疑他患上了抑郁症。在得到同意之后，我要求自己的一名

治疗专家对他进行测试。确信无疑，这就是最后的结论。对于他本人及其家人来说，该结论无疑是一个沉重的打击，但是他们接受了我提出的治疗方案。

记住，你不是一名治疗专家。即使你拥有这些证书，你在从事教练工作的过程中也不能担任治疗专家的角色。尽管有些人认为教练有必要发挥这方面的才能，但是教练与治疗是两个完全不同的职业。如果你开始询问这些人，到底他们的母亲做过什么事情才导致了他们当前的行为，你就像是带着一个启动的喷火器走在薄冰上。

这些弊病会不会真的发生？在任职于纽约的一家大型银行期间，我找到了一名来自测试公司的"分析家"，他通过测试仪器向一名执行副总裁提出了很多问题。但是，这名副总裁根据他已故母亲的回应方式做出了回应。为什么？因为他们两个都希望解决"他与母亲之间尚未解决的矛盾"。

我对你提出的教练建议包括以下几点。

▶ 不要使用来自网络或从"供应商"那里廉价购买的测试。

▶ 不要使用在管理、解释和回馈等方面缺乏专业培训的测试。

▶ 试图找到与专业管理者共同拥有的合法来源。

▶ 运用自己的判断和观察，仅仅关注仪器所建议的类别和标签。

对于测试，即使处于最佳状态，也仅仅是反馈的一种来源，它们可以扩大其他反馈的作用。如果状态不佳的话，它们是自我实现的占星术，很少能为客户提供真正的帮助和改进。

墙外技术

不要害怕在开发教练方法和进行干预时发挥自己的创新能力。如果你的目标只是确定真实的行为和结果并做出改进，你的仪器应该包括主流工具或远程工具，只要它们是合理的和合法的。

1. 游戏

市场上有很多游戏可以测试个人或团队对真实情境的反应，同时提供竞争和客观的结果。我曾在一家咨询公司从事这方面的工作，该公司首席执行官和其他员工被分成 8 个团队，在招聘人才、寻找客户和回报投资商方面展开竞争。该活动大概花费了 3 个小时，结果显而易见，6 个团队最终宣布失败。

2. 定制诊断

提出简化的诊断结论，帮助你和客户在客户的现状和未来方面达成一致。你们可以在发生重大事件之后对行为做出联合评估。

例如，如果你的目标是降低风险或者实现风险和回报之间的平衡，你可能会制定类似于图 5-1 的等级标准。

问题：最佳结果和最差结果分别是什么？

+5：突破常规的改进，行业领导者

+4：重大改进，广泛宣传

+3：巨大利益，在组织范围内

+2：较小的利益，局部的

+1：微小的改进，几乎注意不到

−1：微小的退步，几乎注意不到

−2：较小的退步，可以局部控制

−3：公开的退步，需要控制破坏力

−4：重大失败，财务损失，需要一定的时间才能恢复

−5：破坏性的损失

图 5-1　风险与回报的比率

帮助你的客户理解这个等级标准的刻度，然后将其用于评估客户的决策是否风险过高 (例如风险度为 −5，而回报只有 +2)，或者过于保守 (例如回报为 +4，而风险度只有 −1)。

你可以设计各种类似的分析法，帮助客户独立地进行自我评估。（很明显，这些方法非常适用于远程教练。）

3. 改变环境

我曾经教练过希望改进演讲技巧的经理人，也曾经教练过需要向"陌生人"演讲的大学生。这种做法可以避免当同事在身边时出现的任何不自然的感觉，同时可以提供改进表现所必需的压力。

无论你有什么目标，例如教练那些希望提高销售技能的人，或者教练那些希望提高人际关系技能的人，你都可以做同样的事情。

4. 为绩效表现设计"仪表盘"

你可能希望设计一种包含关键因素的评估控制面板或评估仪表盘，以便客户进行观察和考虑。例如，如图 5-2 所示，如果客户由于受到误导而无法做出快速反应，你将为他做些什么。

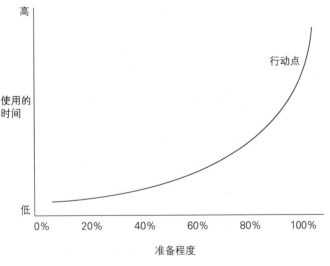

图 5-2　理想的行动点

经常考虑这个图表的话，客户可以得到这样的提醒：在 80%
的位置可以采取行动或制订决策。他们同时知道，如果不这样做的
话，可能会导致降低回报。（可以随时通过微调做出细小的修正。）

5. 设计正式的排练

如果客户正面临着一件大事，例如董事会上的演讲、收购会
议和海外差旅等，你可以组织人们重新设计场景。"模拟法庭"
在法律学校是很常见的，某些大型企业在重大案件的准备中也会
使用这种方式。

如果客户认为可行，你可以组织公司内部的员工进行排练；
如果认为不可行，你需要雇用公司外部的人员进行排练。在具体
模拟解决问题或事件时，这种技术不同于改变环境的技术。

6. 引进模拟专家

不要认为自己是"全方位的教练"，即你不会熟知一切。你
的客户在形象和商务礼仪方面可能存在具体问题，例如着装或赴
宴礼仪等。你可以邀请这方面的专家来帮助你。因此，在真正公
开讨论商务时，合作会带来明显的回报。

也许你只能帮助客户解决 70% 的问题，但是其他专家可以更
好地解决剩下的 30%。你需要在谈话中预测这些需求，并确定这
些专家的薪酬标准。

7. 进行自我评估

无论是对于个人还是团队来说，在开始教练之前，帮助客户
进行自我评估都将是有效的方法。最有效的学习通常是由学习者
本人发起的，所以应该让客户有机会进行观察和分析。

你可以经常夸大评价结果，但你会发现这些结果都非常准确，
它们将提高学习效率，同时减少你的劳动强度。记住，这只是传
授技能和避免互相依赖的一部分。不要害怕发挥自己的技能和创
造力。这样做的话，客户将对你的工作表示感激，而且会开始为
你做相关的宣传。

插　　曲

教练中的基本原理和思考

在前面几章中，我已经深入研究了"证明""协议"和"经验"等使你具备教练资格的因素。这并不是因为这些证据是具有误导性的，或者是错误的（尽管很多证据是这样的），而是因为它们具有很强的限制性。我希望详细说明某些论点，并为你提供更多的建议。

如果你希望将来从事教练工作，并愿意向各种渠道学习的话，那么你就有机会做得很好，而且很可能在这个行业中获得成功，如图 I-1 所示。

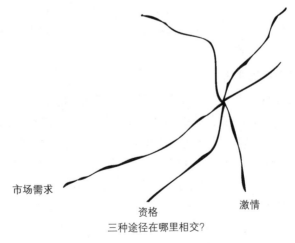

市场需求

资格　　　　　　　激情

三种途径在哪里相交？

图 I-1　获得成功的必要条件

1. 市场需求

▶ 存在的东西：帮助改进我的演讲技巧。

▶ 你所创造的东西：我需要有人帮助我使用新技术。

▶ 你所期望的东西：我如何领导那些从未见过面的人？

2. 资格

▶ 你可以帮助我提高哪些技能？

▶ 你认为我应该学习哪些知识？

▶ 你认为我应该体验哪些经历？

3. 激情

▶ 面对拒绝和异议，你将怎样解决？

▶ 如何处理不明确因素、延误和失去控制的事件？

▶ 你是否具有较强的适应能力？

这些原理同时适用于你和你的客户。在这三种因素的集合点上，你将处于一个快速发展的行业中，而客户的职业生涯也会快速发展。由于这些原理适用于各种行业，所以值得熟练掌握它们。

因此，文凭和证书的问题在于，它们都具有很大的局限性。我们可以通过多种方式得到以上三种重要因素。此外，我们也可以采用很多方法为客户提供帮助。本书的主要观点是，你已经具备了很多宝贵的经验，而且掌握了多种可以使用的技能。你所需要的只是把它们组织起来并集中运用。我们在这里并不是讨论火箭科学。

此外，作为一种准独立的职业，对教练的过于美化忽视了外在环境、其他执行者、组织动态等因素，就好像在发射火箭时仅仅关注燃料，却忽视了飞行方向。

测试

目前最为常用的教练方法是利用仪器进行测试。在预测人类行为和预知结果方面，其存在很多困难，因此下面只是一个简单的样本。

1. **外在环境。** 我们希望在不同的环境中采取不同的行动，因此在参加测试时肯定会采取不同的行动。我不知道我的妻子曾经提醒过我多少次了："你现在并不是和客户在一起。"

2. **其他执行者。** 这些人从来都不是固定不变的，他们会根据当天所发生的事情以及问题的重要程度改变自己的行为方式，而且定期会有新的人员加入进来。一名执行者的行为会对其他人的行为产生重要影响。

3. **培养的倾向与本能的倾向。** 我们会有意识或无意识地背着一系列"包袱"，他们将影响我们的反应方式，尽管这些行动都是合理的，甚至有时候是充满智慧的。人们对这种包袱会像对可卡因那样上瘾，很难彻底摆脱它们的影响。

4. **很多测试都是"强迫性选择"**（在 4 个选项中，哪一个最适合你或者最不适合你？而且你只能选择一个答案）。有时候，不止一个答案符合要求，主体从中选出一个答案的被迫程度越高，结果就越有可能是不准确的。

5. **有效性较差或缺失。** 对于某项测试，如果你可以毫无限制地购买，而且可以在未经专门训练的情况下使用，那么其有效性不可能很高。某些类似于占星术的元素很难得到一致认可，有时候这些元素过于普通，根本不值得使用。最理想的情况是，测试在它们所应用的环境是有效的。

6. **扭曲的意向。** 很多测试的设计初衷是确定是否存在脱离常规的行为，而不是辨识健康的行为，即使是那些评价很高的、仅限于培训的专业人员和治疗学家的测试也是如此。因此，健康客户的需求与那些"受损"客户的需求是不同的。

7. **做标记。** 不要试图通过结果来了解他人，我们应该改变整个过程，通过把人们放进带有标记的抽屉中降低理解度："你对 INTJ 型 (内向 + 直觉 + 思维 + 判断) 的人有什么期望？"这个问题非常类似于："你对一个女人有什么期望？"或"你对背景不同的人有什么期望？"或"你对这个年纪的人有什么期望？"我曾经任职于这样的组织：员工的肖像是完全公开的，这样做的目的是提高沟通效率，实际情况却恰恰相反。天佑气体公司 (现在隶属于国家电力供应公司) 将员工的肖像印制在咖啡杯上，这样就可以获知饮水者的行为倾向！ (这绝对是真实的。) 我曾提出这样的问题：如果有人借用同事的杯子，情况会怎样呢？好像没有人考虑过这个问题。

⑧ **执行测试**。公共演讲中存在一种称为"为了评估而表现"的现象，这意味着个人不关注目标和绩效，而是为了符合评估和反馈的标准，而这些标准可以提前获知。这种做法不可能改进绩效，只能改进反复无常的评级。在一家医药企业，我发现所有的管理者都按照多种标准进行测评，评分结果保留到三位小数。换而言之，你可以得到 6.134 分 (总分为 7 分)，原因是"认真聆听"或"邀请他人参与决策"。如果该企业的标准是 6.45 分，管理者就会努力聆听或参与，并将测评结果提高 0.316 分。(有客户在等电话？他们必须等着，我正在聆听和参与，并努力将评分提高到 6.45 分。)

> LinkedIn 网站在 2010 年 7 月 19 日曾这样写道：
> "人生教练的培训费用为 697 美元，每周在线开设 16 门专业课程，主要由职业教练协会提供。"该协会的主要推广语为："变成一名专业的人生教练只需要花费 16 个小时。"
> 上述这些都是真实的。

⑨ **标准的普通人**。技术是令人感到奇妙的，但这并不是因为它自身的原因。例如，你在网站上可以使用的所有信息的

成本都很低，而且能够快速获得、便于使用。作为一名教练，当你为客户定制教练方式时，你的价值是最高的。如果你能找到全方位测试所获得的信息等反馈，就可以：

▶ 确定所需要的关于执行者的信息；

▶ 确定哪些问题可以得出这些信息；

▶ 确定哪些人应该参与 (客户、上司、同事、下属、卖方等)；

▶ 执行采访，倾听不同的模式，并对问题做出相应的调整；

▶ 为客户或买方总结有效的反馈。

这种方式虽然很简单，但是比使用一般的自动方式更加有效。

由于这些原因，我发现并非只有教练在过度使用测试，而且测试经常被不道德地使用，使用时不仅缺乏合适的基础，也缺乏适当的培训和证明，此外还可能被用于创造收益。你不需要这种方式，但是如果你发现了恰当的机会，一定要正确地使用。

● 改进是一种难以理解的目标

客户在很多重要方面存在改进的余地。不要把客户搞糊涂，更不要使用不恰当的补救办法或时间安排。

① **技能发展**。技能是可以培训的，也是可以学到的。在工作过程中学习技能的效率最高，但是如果现实世界中有反馈和应用的话，也可以通过课堂培训和学习资料获得成功。(这就是教练不仅是老师，还更像咨询师的原因。)[①]

② **知识改进**。这是综合利用信息实现目标、解决问题、制订决策、做计划等方面的能力。通常情况下，其有两种发展方式：

---

①注意，这些都是可以进行测试的，但是它们不是人格和行为倾向测试。

▶ 书本和学习工具；

▶ 在工作过程中获得知识 (最后将发展成智慧)。

　　详细的知识 (为组织和同事所知) 必须具有暗示性，任何人都可以随时获取。含蓄的知识必须是详细的，这样的话组织和同事才能获得更多的知识。

❸ **由经验得来的机会。** 从管理海外运营，到来客户的办公地点处理事务或通过技术手段与位于不同时区的子公司沟通，处理这类事项并无捷径，虽然可以安排和协调，但必须由人亲自完成。

❹ **行为改变。** 有些行为是不能在课堂上传授或学习的。实际上，大多数行为可以通过诉诸客户的自我利益而发生改变，强行按照积极的行为来看待不恰当的形式。帮助其他人明白他所得到的优质服务并不是通过妨碍下属证明他知道答案，而是通过诉诸自我利益改变行为。

❺ **治疗学家的介入。** 有些问题是教练不适合解决的，至少已经超出了教练能力，有时候根本不在能力范围之内。如果有难以确定的行为错乱、消沉、注意力不足、威吓等症状，其需要的不仅是一名熟练的治疗学家，还需要一名并非尽力改进此人管理效率或工作效率的人。一旦明确这一点，就应该将这些类型的问题看作关于公司的员工援助项目、个人医师、治疗学家或其他同等的职业的问题。

　　由于存在各种各样甚至是重复发生的需求，你必须了解自己的角色、能力和你所能控制的资源。我经常受到"人生教练"的干扰，他们看起来非常相信自己能通过简单的方法帮助人们解决任何类型的问题。

　　从图 I-2 中可以看出，你可能或不可能听到并明白我的意图和说话内容，反之亦然。我们拥有不同的背景、教育、经验和角色。因此，明显的环境干扰经常使得我们无法明白认知干扰的存在，而这些干扰可能更具有扭曲性和误导性。

为了选择恰当的改进领域和实现改进的工具，你需要确保客户能明白你的话，而且你也能明白客户的话。因此，采用更多的远程教练就变得越来越重要。

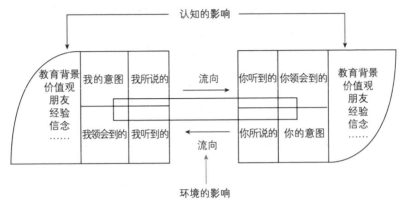

图 I-2   沟通流程图

教练的三个维度

从总体来看，教练任务的执行涉及三个维度：准备、交付和后续工作。

1. 准备

❶ 与买方（无论他是不是客户本人）合作，在根据已达成的计划进行教练方面达成一致。这可能包括：

▶ 机密性；

▶ 准时性；

▶ 联合责任和独立责任；

▶ 定期汇报；

▶ 支付条款；

▶ 可得性和安全性；

- ▶ 非披露协议；
- ▶ 相互的联系信息。

❷ 与买方（无论他是不是客户本人）合作，在实施方法方面
达成一致。这可能包括：

- ▶ 开始时间；
- ▶ 来访频率；
- ▶ 远程教练的频率；
- ▶ 机密性；
- ▶ 其他人的参与（例如，全方位评估）；
- ▶ 预期的结束日；
- ▶ 反馈类型和协议；
- ▶ 各种意外的可能性；
- ▶ 如果必要的话，怎样介绍你；
- ▶ 现场工作和不在现场的工作；
- ▶ 需要的文件。

❸ 你应该做好充分准备。如果你没有做好准备的话，你在
交付之前需要考虑以下问题：

- ▶ 了解该公司的成立和发展历史；
- ▶ 了解母公司或子公司；
- ▶ 了解公司的客户或顾客；
- ▶ 了解竞争情况及公司的竞争地位；
- ▶ 了解客户的定位和工作职责；
- ▶ 了解客户的上司和下属；
- ▶ 确定恰当的日程安排，其中包括沟通时间；
- ▶ 加强自身对公司文化、制度和关键人物的了解；
- ▶ 了解公司的经营战略。

某些问题可能听起来有些难以解决，但大多数人喜欢讨论自
己的工作、所在的公司、内部消息等。你可以提出一些带有"煽动性"
的问题，然后仔细倾听他们的回答。当然，在互联网的帮助下，

调查工作会变得越来越简单。

适当的准备将促使交付变得更加简单。

2. 交付

不要使用工具包中的所有工具。使用最适合所在环境和客户的工具。例如，在缺乏信任感的文化中，面谈通常是无效的。如果参与者认为缺乏机密性的话，那么全方位的反馈评估将对其无用。如果在你观察评估过程中，客户倾向于表现得"行为良好"，有计划的观察和直接观察都将是非常实用的。

努力改变自己的做法，充分利用各种计划好的工具和临时工具。通过这种方法，你可以准确、客观地了解客户的行为。策划正式的反馈会议，同时提供临时性的反馈。确保在关键时刻提供积极的强化因素。

在讨论准备过程时我提到了"沟通时间"，我预测将出现意料之外的中断或不可避免的干扰，进而影响整个进程。应充分准备，以便及时应对。

为客户提供足够的时间，以便他能允许你进行观察，听取你的反馈，努力调整自己的行为，然后获得更多的反馈。有些事情可以很快完成，而有些事情需要花费较多的时间，甚至需要反复地做。（如果下属开始相互指责，你不要随便发脾气。）

请确保测量在循序渐进地进行。不要等到最后时限，也不要期待发生改变。

3. 后续工作

很多人讨论"解约"的重要性，我在本书中也进行了探讨。但是，我仍然建议，你的客户是依靠你提供重要帮助的人。因此，仅仅在某些时间点"变得独立"是非常困难的，而且是不恰当的。

理想的情况是，你可以在计划中增加一些后续工作。这种方式将更为完善，同时你可以得到 30 天、60 天或 90 天的额外补偿。

如果没有正式的后续工作，你可以做以下工作，它们将帮助你进一步改进自己与客户或买方的关系。

▶ 在接下来的 90 天中，每个月向客户打一次电话，听取并对他的进步做出反应。

▶ 在合约结束后的 30 天内对电子邮件做出回复。

▶ 通过聊天室或网站把客户介绍给其他客户。

▶ 每季度召开一次客户电话会议。

▶ 每月提供电子版的业务通讯。

▶ 如果你在组织中还有其他项目，要顺便拜访一下。

你应该确保定期访问自己的买方 (如果他不是客户的话)，以便获得其他更多的客户、推荐人、推荐书等。在邮件地址和电话单中保留客户的名字。通过当前客户获得更多的业务远比找到新的客户要容易得多。

教练合约的持续时间是有限的，但客户关系的持续时间是无限的。

障碍

通常情况下，我是很乐观的，而且我相信我们是通过积蓄力量而获得发展的，而不是通过关注解决办法 (有时候是改进微小的瑕疵) 获得发展的。目前，主要有两种需要思考的障碍类型：自我强加型和客户强加型。

1. 自我强加型

最大的障碍都是我们自身造成的。例如，标题"要么变得更专业，要么死！"这样的标题过于保守，限制性太强，而且实际上这是错误的，因此我几乎不知道该怎么探讨这个问题。你为什么不提供尽可能多样化的服务？倘若我们允许"假建议"(主要来自不成功的人) 干涉我们的成功之路，则会造成耗时较多的迂回路径，甚至会终止你的职业生涯。

下面是教练中最常见的自我强加型障碍。如果你注意到这些障碍，可以预防或纠正它们。

1. **过于依靠单一的方法。**每一位教练客户都是不同的。他们可能会陷入同样的模式，但人员、环境、需求等因素之间存在不同的组合。不要试图叠加"四步骤""三周"或"训练营"计划。首先听取客户的需求，其次使用必要的工具制定教练方法，最后设计自己的介入方式。

2. **关注输入，而不是产出。**目标和行为的变化以及经营结果是需要重点考虑的因素，不要考虑花费的天数、投入的时间或忍受的经历。查看自己的网站和其他资料。听取自己的谈话结果。你正在强调自己的做法，还是强调客户的改进方式？

3. **无法宣传自己。**如果你不能宣传自己的话，一切都将是徒劳的。任何人都不愿意承认曾接受过教练，这是一种毫无事实根据的说法，但也是力量和自信的标志。你可以请求得到证明书和保证书，并把它们放在自己的网站上。

4. **保持相对独立。**一名心理学医生曾经找我咨询，实际上它共有14个职位或头衔，但我只认识其中的"博士"头衔。其他头衔不仅令我感到迷惑，还令我产生了怀疑，因为它们看起来是在乞求我相信这些凭证等同于能力。"文凭"或"证书"只是一张纸，具有执行力的客户是不会在乎这一点的。不要成为群体中的一员，要通过自己的价值和关系脱颖而出。

5. **无法获得市场。**这不仅是一种教练业务，还是一种营销业务。换言之，如果你不能成功获得市场，将无法从事教练工作。如果你不能做到这一点，将最终沦为其他人的承包商，而这也不是百万年薪教练的发展路径。此外，这也不是该行业中"肮脏的"部分，而是所有大型企业和重要职业的关键部分。

2. 客户强加型

❶ 内部无法达成一致。如果买方和客户不是同一个人的话，就会出现这种情况。买方认识到客户改进的重要性，而客户提供虚假的支持来减少冲突。不过，一旦开始教练，客户就会变得越来越不合作。通过提前会见客户、真诚对待客户和测试反应的情况，可以有效避免这种情况。如果刚开始时错过了，我们可以返回去向买方解释只有买方能够执行客户的承诺。(这也是你为什么需要提前收取报酬的原因。)

❷ 干涉的出现。这是不可避免的，也是无法预防的，比如：宣布并购或股权脱离，重要客户威胁离开你，或竞争对手采用了新的技术。不要试图逆流而上，指出客户的主要需求是最紧迫的。不要回避这些问题，要进一步提高自己工作的重要性。

❸ 其他相关方参与解决这个问题。你可能会发现，客户的改进会受到其他人的影响，因为他们的议程是完全不同的。例如，为了帮助客户提高组织会议的效率，你会发现他需要面对来自其他部门的同事，这些同事可能有不同的兴趣，甚至会蓄意破坏。这种无法控制的事件可能需要买方 (如果他不是客户的话) 的调解，或者做出相应的调整，以此承认这些具体情况需要得到特殊处理。毫无疑问，你的客户还可以做出改进，但考虑到其他人的个人利益，改进程度将有所下降。

❹ 不切实际的期望。你无法在一夜之间将一名口齿不清的演讲者培养成苏格拉底或亨利·克雷。你需要与买方和客户共同设定标准，以便做出改进和不断完善。不要只关注其他人做出的"排名"，因为他们都受到不相关因素的影响。请关注观察到的行为："不断复述问题，在30 分钟内提供解决办法，然后查看提问者是否满意，这

样就可以提高自己处理问题的能力。"

⑤ 观察机会不足。 你不能在办公室里或共进午餐时对他人进行教练。你必须观察他（这也是测试仪器非常重要的原因）。确保你与自己的买方共同设计正规的训练课程，以便观察客户的行为。如果你得知自己无法陪同买方会见客户，或者无法看到客户给出的评价，那么你将如何做出选择？如果买方告诉你公司的经营旺季即将到来，到时候将会非常忙乱，因此联系时间将非常有限，我会指出这是最佳的教练时间。是否还有其他选择（在什么事情都未发生时就开始观察客户）？

把教练当作一项事业

不要混淆业余爱好和职业。前者是一种乐趣、爱好、消遣和热情，有些人可以将其转化为一种职业。后者也将涉及你的热情，但你可以通过热情和市场需求获得收入，同时还能帮助他人，自己也可获得更好的发展。

你可以在很多职业中发现效率很低的经营模式：医生安排连续的预约，缺乏必要的灵活性；律师以 6 分钟为单位收取费用，而不是根据自己的价值；建筑师以小时为单位收取费用，他们只关注自己所提供的服务，而不关注这些服务的结果；教师工会只强调此项工作的时限，而不是为学生带来了哪些帮助。这些都属于高尚的职业，很多情况下需要较高的学历。

不过，这些专业人员都认为自己所提供的服务应该以小时为单位进行收费，或者认为自己只是执行者和蓝领工人。

为了打破人们对教练的这种认识倾向，你必须创立强有力的品牌。品牌是质量的统一代表，而最根本的品牌是你的名字，除此之外还有你的能力。你的品牌和能力都应该不断发展。很多教练都陷入一种惯例——成功的陷阱，进而变得不思进取。

在图 I-3 中，左上限表示权威人士，他具有很强的技能，而且得到了广泛的认可。在本书中，我指出马歇尔·戈德史密斯 (Marshall Goldsmith)、杰夫·吉特默 (Jeff Gitomer)、赛斯·高汀 (Seth Godin)、马库斯·白金汉 (Marcus Buckingham) 和我本人都被看作权威人士，都处于某些排名的较高位置。几年前，我代表国家演讲者学会参与了一项研究，发现真正的买方都是为了获得技能，因此教练必须尽可能地展示自己的技能。

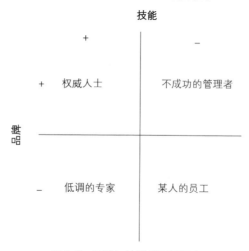

图 I-3　品牌与技能的不同组合

右上限的人具有较强的品牌影响力，但缺乏必要的技能，他们属于"不成功的管理者"。他们通常能言善辩，但缺乏实际内容。狂欢节中的广告宣传员或者那些名人导购可不会告诉你，可以通过购买一本定价 19.95 美元的书在第二天赚取 100 万美元。

身处左下限的很多教练都是专家，但是没有人知道他们，而且他们不愿意吹捧自己，因此都没有什么名气。本书的大部分读者会发现自己处于这个象限，除非他们已经处在左上限。如果你把自己的工作看成是业余爱好，而不是职业的话，就会出现这种情况。

处在右下限的是朝九晚五的工人，我们都希望摆脱这样的命运。

在阅读本书或某些章节时，一定要记住这几点。你首先需要高效的方法，然后是高效的营销方式，这个顺序不能颠倒。这种说法听起来可能有些奇怪，刚开始时甚至有些格格不入。

但是，我能够成为一名百万年薪教练的原因在于，尽管我对这项工作充满热情，但是我从没忘记它是一项事业，因此我必须时刻承担着经营者的角色。

如果你不能成功地帮助自己，那么你肯定无法帮助其他人。

第 6 章

打造长期客户

> 一旦进入，为什么要出去？

横向营销

商业界中曾经有这样一种传统的、缺乏自推力的说法："产品上市后不能立刻交付。"这种说法太过愚昧，因为它意味着你现在做得越多，你能开发的未来工作就越少，那么你最终的工作就会越少。因此，现在的工作将减少未来的工作。

为什么？

这是毫无头脑的"专家们"提出的极其浅薄的说法，其目的是缓和自身的弱点。只是因为他们不知道如何同时上市和交付，但这并不意味着无法做到这一点！（在心理学领域，移情的意思是，如果我无法学会在网球比赛中发球，那么你肯定也学不会，否则你就拥有我所不具备的能力，而我的确不想考虑这一点。）目前有各种类别的毫无意义的成规，例如"不要比你的客户穿得更好""按时间收费是判断收入的最佳方式"。

这些都是致命的虚假信念，它们不能增加你的收入，只能培养出"兽群"（即漫无目标地穿越热带大草原，寻找它们所需要的食物）。

如果你在主要市场开展业务，70% ~ 80% 的业务应该是重复性的或者经他人推荐的。在小型市场中，重复性的业务很少会发生，因为市场规模非常小，而 50% 的业务应该由他人推荐。但是，你需要与客户开发重复性的业务。缺席不会让人们更喜欢你，而会使得人们忘记你。

> 你并不是在"推销"，也不是从买方那里"索取金钱"。你的价值对客户来说非常重要，因此你有义务将这种价值以尽可能多的形式赋予尽可能多的客户。

当你与客户处于同一地点时，你需要会见他们。要善于交际和平易近人。会见潜在的推荐人和买方。是的，你的公司通常是保密的。但是，我并非建议你透露自己的所作所为，而应该发现其他人的需求。

下面是横向营销的一些例子。"横向营销"是指你在与客户合作时应该主动寻求其他买方。

1. 询问你的客户和买方

在保持机密性的范围内，询问他人能否从同类型的发展中获益，尤其在如下情况。

1. 如果这是发生在员工职业生涯中某特定时期的项目的一部分，你怎么能被看成是继续存在的资源？指出常用方法的好处，以及不需要在组织的文化和体系中对你进行再教育。

2. 如果这不是一个团队任务，那么客户还是可以获益的团队中的一分子吗？或者此项工作能证明该客户在没有团队参与的情况下可以实现发展目标吗？

3. 询问曾参与过全方位测评工作的所有人员，了解他们是否能从事教练工作。

2. 如果你进行全方位测评，其他人会感兴趣吗

要求买方同意你继续追踪采访小组的任何成员，这些成员会询问此项工作，并将关注他们能否得到类似的帮助。记住，教练经常被看成是主要的员工发展方式，主要服务于发展潜力较高的人员。强调教练中的发展因素，而不是其中的矫正因素。

3. 在参加会议时关注各种机遇

作为任务的一部分，你需要参加各种会议，有些主管人员在会议上的演讲效果可能非常糟糕。你要注意观察参会者对演讲者的评估，其根本不知道该如何接受反馈和进行自我评估。你可能会观察到对客户的不恰当对待。你所看到的和经历过的哪些方面可以为客户提供改进机会？

4. 如果保密性无关紧要的话，大胆一些

即使你不透露自己的教练对象，人们仍然会认可你的教练身份。如果得到允许的话，公司的出版物、内部网和其他来源将充分利用采访、论文、博客等类似的报道形式。

你可以帮助组织建立教练和支持的文化，甚至可以获得买方和客户的支持。很多情况下，高层管理者将发挥模范带头作用，解释他的个人教练的重要作用，然后督促下属做出类似的改进。这样的话，员工将得到快速发展。

在参加客户的会议、介绍自己的调查结果或者只是与同事进行交谈时，你将发现下面这些"强有力的营销语言"非常有用。记住，你不是在吹嘘自己，而是在帮助其他人获得你提供的价值。

> ▶ "这是我所发现的持续接受教练的人与从未接受过教练或者只接受过一次教练的人之间的最大差别。"
>
> ▶ "我们的生活和职业都在发生变化，因此教练非常重要，可以将其看成是继续发展的条件。我们不可能在最近两年内没有发生任何变化。"
>
> ▶ "可以帮助组织做出最多改进的都属于高绩效人员，不过他

们很少接受教练。"

▶ "使用外部教练资源的好处在于，他们可以客观地引入外部最佳惯例，进而帮助形成内部最佳惯例。"

▶ "最好的教练将传授技能，进而帮助解决重要的问题，而且组织可以逐渐掌握这些解决方法。"

你明白了。这些都不是销售情境；你已经被聘用，而且正在履行自己的职责。同时，你在进行横向营销，以便培养长期客户。

要优先考虑第四种销售。我的意思是，考虑自己能为客户带来哪些长期的好处，以及如何最有效地定位他们。这可能意味着需要确定销售的时机、合作伙伴、条件以及期限。你希望开展合作的对象包括可以影响他人的管理层、提供支持的怀疑论者或者勇于冒险的人。

最近，能够聘用教练已经成为一种荣誉的标志。它将引导人们开启自己的成长之旅。

网络系统中的营销

你不会仅仅处于一家客户组织中。你的买方有自己的同事、下属、上司、供应商、客户等。实际上，你是整个商务生态系统的一部分，而且你需要从创新的角度审视这个"网络"。

与互联网一样，客户的商务、社交或文化网络构成了相互作用的各种关系，但是可以通过单一来源的动力付诸实际行动。例如，大型生产商会要求自己的各类供应商接受质量准则的培训，这是很正常的做法。此外，越来越多的企业通过网站鼓励客户与自己沟通，甚至鼓励客户之间相互沟通，无论从中得到怎样负面的反馈。（这种战略帮助企业获得了承办此类论坛的信誉，有机会对不公平的评论做出回应，并从准确的评论中获得经验。）

母公司向子公司规定相关条款，但子公司是母公司创意和利润的来源。组织及其员工隶属于专业的贸易团体，相互之间结成联盟，有时候甚至会合并起来。在很多组织中，客户也拥有自己的客户。

因此，你必须关注买方或客户的关系，也要关注当前组织（你所供职的部门或办公室）的关系。有时候你可以为该网络的远端部分培养更"安全"的推荐组织。换言之，客户可能不希望被暴露给较为亲近的同事，但愿意将你推荐给关系较远的部门或同事。

为了培养这种网络式的思维模式，你应该详细描述客户及其组织的关系网，同时完成其他一系列后续工作，下面是部分信息来源。

> ▷ 咨询贸易协会和职业协会，在这类协会中，个人可以代表组织。
> ▷ 听取关于谁是最佳客户的信息。
> ▷ 听取关于供应商和卖方的信息。
> ▷ 追踪那些承担特殊任务的人。
> ▷ 调查各类团队、工作小组以及客户隶属的委员会等。
> ▷ 与买方讨论处于他的管理范围或需要类似帮助的其他人。
> ▷ 观察各类重大会议，了解参会人员及其代表的组织。
> ▷ 咨询关于海外运营情况的信息。

此外，还有第二种需要关注的网络，其中包括周围接受教练的人。这个网络的范围将远远超出你的预想，图 6-1 列出了典型的例子，可以帮助你加强理解。

你是位于该体系中心位置的教练。图 6-1 列出了当前的两类买方，他们正在接受你的教练或者他们的下属是你的客户。他们的其他下属可能具有类似的需求。不过，他们的同事也可能具有类似的需求，而且其他买方的新下属可能会从你的教练中获益。

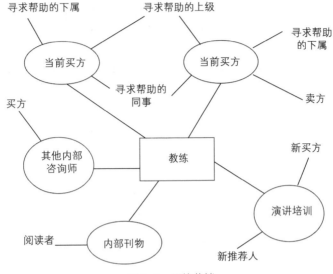

图 6-1　网络营销

　　买方也有自己的卖方和供应商，他们反过来也可能会成为你的卖方或客户。如果你为客户提供培训或开研讨会，就可以找到新的买方和推荐人。大多数组织拥有自己的内部刊物，通常采用纸质版或电子版两种形式。撰写文章或接受采访将进一步提升自身工作的重要性。即使是内部咨询师（客户组织的员工），也可能会发现你是一名重要的合作伙伴，可以提供更多的技能和价值。

　　为了便于讨论，我曾努力简化这个图表。如果你从三个维度展开想象，可能会看到这种关系非常复杂，同时代表了巨大的潜力。大多数教练甚至不想花费时间看一眼！

　　正是由于上述原因，我建议优先考虑第四种销售模式，并综合考虑客户关系。此外，也是由于上述原因，我认为 70% 以上的交易发展应该来自重复交易。[①] 当听说自己在教练客户时应该积极

——————————

　　① 推荐是指一名购买者向其他购买者宣传你的服务，而重复是指来自同一购买者的持续交易。

寻求这类营销机会时，很多教练表示不理解。但是，这样做的意义非常重大。

> 你在客户中的关系并不像你所看到的那样简单！开拓自己周围关系的宽度和深度，你将发现更多的发展交易的机会。

如果你认为自己提供了巨大价值，并且正在帮助客户组织的员工，当你有动力，而且正在与买方互动时，你是否需要拓展和强化这种价值呢？

如果教练无法做到这一点，或者是因为自尊问题，或者是因为他们相信销售是一种对抗性的过程。因此，为了自身的利益，我们讨论一下如何获得那些希望得到你帮助的客户！

● 营销的重要性

大约 15 年以前，我提出了"引力动态"一词，阐述了专业服务提供商可以吸引买方的其他办法。这种吸引力非常重要，其原因包括以下两点：

- ▶ 当人们向你寻求合作方式时，你不需要担心如何证明自己的优秀、如何确立信任，等等；
- ▶ 费用变成了一种学术讨论，因为价值是至关重要的考虑因素。

目前，有两种机制可以获得客户，即"伸出去"和市场引力。

在职业生涯前期，你需要更多地依靠"伸出去"。但是，即便如此，你也应该逐渐利用市场引力。在职业生涯的某个时刻，至少 80% 的客户和业务应该依靠引力作用。有些教练拥有较高的品牌声誉，他们 100% 依靠引力作用。我已经不记得自己何时最后一次使用外部营销。你可以根据自己的情况，先从一部分开始，然后发展到更多的部分。

> 你从不知道自己的新客户或推荐者将来自哪里,因此不用担心"遭受打击的次数"或者其他因素。你所需要做的只是通过一次打击证明这些吸引途径是否存在。

获得客户的途径越多,你越有可能拥有全面的客户渠道。引力可以把人们吸引至你的加速曲线,我们将在后面的章节讨论这种曲线。多年以来,市场引力的构成要素已经随着技术、感知、社会等因素的发展而变化。但是就目前来看,图 6-2 展现了整个进展过程中的"掠影"。

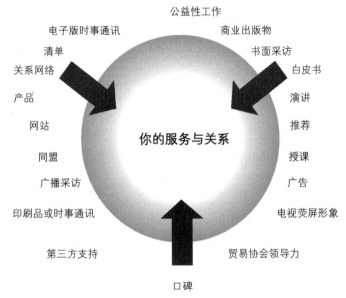

图 6-2 营销引力方向盘

从图表中的"12 点"位置开始,下面是几种简略的解释。

❶ **公益性工作**。这不是慈善行业中的"打电话募捐"。自愿参与非营利组织的委员会工作,你将成为副总裁和总经理的同事。

② **商业出版物**。为第三方撰写书籍、专栏或论文 (纸质版或电子版皆可)。这必须先得到主编和出版商的支持。

③ **书面采访**。通过 PRLeads.com 或 ExpertClick.com 等渠道，你可以找到记者和编辑。为了提高出版物和广播报道的效率，他们可能会选择你。

④ **白皮书**。撰写与教练价值相关的、篇幅为 2 ~ 5 页的白皮书或定位文件，可以放置在网站上或者新闻发布文件中。

⑤ **演讲**。在可以找到推荐者或买方的场合发表演讲。很多团体将付给你报酬，但这都是无关紧要的，除非你也是一名职业演讲者。在同一时刻把自己的信息传达给更多的潜在客户。

⑥ **推荐**。学习下面的语言，并在联系重要客户时使用："推荐是教练领域的一个新词。你所认识的人中是否有人能够获得我提供的价值？你是否愿意把我介绍给他们或允许我借用你的名义？"如果你不问的话，就不会得到帮助。

⑦ **授课**。通过客座教授的身份在当地的学院或大学授课，你所遇到的大多数成年人可以帮你介绍业务，甚至聘用你。你也可以在自己所在的领域提高声誉，如有影响力的沟通、冲突解决方案或常见的商务教练等。

⑧ **广告**。有时候，广告会产生不同的效果，例如，在潜在客户喜欢阅读的专业性报纸和杂志上的广告。

⑨ **电视荧屏形象**。人们经常会过高地评价这种形象的作用，参加《奥普拉》或《早安，美国！》节目的大多数人都不会大幅度改进自己的业务能力。但是，如果新闻广播的人口统计资料能与买方相匹配，那将会非常有用 [①]，既可以作为广告 (第 8 点)，又可以吸引脱口秀节目主持人，其有效渠道是广播电视采访报道 (www.rtir.com/index.html)。

⑩ **贸易协会领导力**。如果你是一名主管人员，尤其是一名

---

① 不要花钱参加电视节目或主持调频节目，这些都是骗局。

高层主管人员，你将接受采访，并需要介绍组织的目标和影响力。时间投资可以为你带来重要的回报。

⑪ **口碑**。病毒性营销的效率非常高。有些人会支持社会媒介平台。我建议更多地与同事合作，他们会在很多重要团体中提及你。此外，确保把客户吸引到你主持的各种会议中。

⑫ **第三方支持**。推荐书的影响力非常大，因为它们诉诸同事。一定要确保其中包含姓名、职位和公司（当然，要先得到对方的允许）。网站上长达 30 ～ 60 分钟的视频推荐书是非常有效的。

⑬ **印刷品或时事通讯**。有时候，纸质版时事通讯要比电子版更有吸引力。人们更喜欢自己感兴趣的"快速命中"物品。原因是它们具有一致性：同样的形式，同样的印刷日期，同样的"外表"。

⑭ **广播采访**。见第 3 点和第 9 点。你可以将它们结合起来，为以后的采访者制成下载文件或 CD 文件。

⑮ **同盟**。找到那些需要你提供信息的人。耐心等待，直到出现需要讨论的严重问题。与可以互相帮助的人结盟将是引力的长期来源。

⑯ **网站**。记住，这是一种可信度的声明。但是，这将涉及人员的问题。其设有下载文件，音频、视频和文本，自我测试，产品，归档的时事通讯，等等。请将其打造成人们愿意再次光临并转告其他人的地方（见第 11 点）。

⑰ *产品*。打造各种类型的产品，包括免费产品和成本高昂的产品，因为它们会提升你的品牌形象，而且陌生人很容易购买。我们将通过加速曲线详细分析其运行方式。

⑱ **关系网络**。与毫无预期的陌生人建立业务关系网，并在可能遇到高层次买方的环境中建立关系网，例如颁奖典礼、政治基金募捐现场、慈善晚会、艺术团体等。不要

与其他咨询师建立关系网。

⑲ **清单**。这些不是广告，而是可以在 ExpertClick.com 等网站上看到的新产品清单。它们在吸引买方的专业出版物方面会更有效。

⑳ **电子版时事通讯**。它们很容易制作和发送，篇幅不会超过一个屏幕，而且应该包括几个不同的类别，以便能吸引到最多的受众。与纸质版时事通讯相同，外观和发行的持续性是非常重要的因素。

上面是 20 种提高引力的手段，除此之外你还可以增加更多标准，例如博客、新闻发布会等。你正在使用的有多少种？你可能发现其中一半是有吸引力的，如果你发现很少或者任何一种都没有吸引力，那么这个行业是不适合你的。

采用多种教练方式

教练是一个过程。我们正在讨论的方法在应用时可以跨越职能、等级和文化差异。其在应用方式方面没有任何限制，除非你自愿这样做。

我曾经教练过高级警察官员、企业总裁、法律顾问、财务总监、融资专家、宗教人士、非营利组织的执行官、演员、其他教练、编辑、创业者等，他们只是我众多客户中的一部分，我的方法论是前后一致的，但也会根据教练对象和情境的不同做出一些微小的调整。

你将发现，你可以在低层次的人和高层次的人中使用同样的方法。不过，费用可以有所差别，因为作用是不同的。有一名执行副总裁管理着 2 000 名员工，拥有总额为 2 000 万美元的预算权，而一名主管人员只有 10 万美元的预算权和 5 名员工，那么你对前者的成功教练所产生的影响力要远远高于对后者的成功教练。

你能吸引到的买方数量越多，获得足够潜在客户的机会就越大。想象一条渔船通过使用一英里宽的网或钓鱼线养活全镇的人。可能有些人会要求你"要么专业化，要么破产"，但其现在还不想购买。

你的业务范围越广，越能吸引到客户。

你应该提高自己的吸引力，直到大量潜在买方认为你所提供的价值很有吸引力。你所使用的形容词越多，就越有可能走向失败，正如 20 世纪 50 年代的科幻小说《惊人的收缩人》。

问：你从事什么职业？
答：我教练销售人员。
问：哪类销售？
答：电话销售。
问：哪个行业？
答：房地产。
问：哪种类型？
答：商用的。
问：我们不需要这些。

形容词越多，你就会越"受限"。下面是另外一种不同的方式。

问：你从事什么职业？
答：减少销售成交时间，降低购买成本。
问：你是怎么做的？
答：告诉我你最大的销售需求，我将举例说明我们之间的合作方式。

在第二种回答中，教练并没有关注任务本身，而是关注结果，并转向讨论潜在客户的真实销售需求，因此他的回答是针对优先需要解决的问题。第一种回答可以帮助潜在客户很快发现"输入"是不恰当的。第二种回答帮助教练表明结果是高度相关的。

采取多种教练方式是很重要的，因为你的市场很像一个动态系统：有些因素下降，有些因素就会上涨。如果自然资源减少，技术力量可能就会增加。如果私营部门减少，非营利组织就会增加。如果小企业发展缓慢，财富 1000 企业就会快速发展。

> 不要关注培训的方法。请关注成功培训的有用结果。

为什么把自己的策略局限在少量潜在市场上？下面是其他几种选择。

- ▶ 总体来说，小型企业是美国最大的雇主，有时候在其他地方也是这样。
- ▶ 非营利组织通常拥有很多资金，尽管它们经常抱怨缺少资金。在很多情况下，它们不仅拥有健康的财务状况，而且董事会和捐赠者将承担其运营成本。
- ▶ 政府是外部资源的主要使用者。在美国，《联邦收购规定》要求，采购不能基于最低价，而是根据最高价值制定。
- ▶ 非营利组织也可以拥有专业的发展目标。管理大师彼得·德鲁克曾指出，女童军 (英文为 "Girl Scouts") 是美国运行最佳的组织。
- ▶ "零售"市场的发展速度非常快，企业行为减少后，自助式市场通常会快速发展。教练既适用于批发市场 (企业)，也适用于零售市场 (个人)。

除此之外还有另外一个事实，也许它不会令你感到吃惊，却经常被人们忽视：最佳潜在客户做得很好！不要陷入"补救陷阱"，如果这样的话，人们将认为你在帮助表现较差者做出改进。大多数资金会流向运行良好的组织，而大多数此类企业习惯于使用外部资源。

采取多种形式的供应物、言词和促销手段，以便获得更多的潜在客户。推广自己的教练服务并不像是"电源开关"，而更像是一个可变电阻器。这是一个逐渐变化的过程。(新罕布什尔州的汽车牌照上写着："要么自由地生活，要么去死！"我有时候认为这种说法有些极端。或者可以改为："自由地生活，或者至少拥有自我奋斗的自由！")

同样，你应该主要关注表现优秀者。他们是真正推动业务发展的人，你可以不断向他们投资，而且你可以在最短的时间内得到回报。如果你只是做一些补救性的工作，将无法得到更多的潜在客户。高层主管人员不愿意被人看作需要帮助，他们更希望被看作需要资源或者来自组织的持续投资。

你应该发展成为"全明星教练"，而不是"补救教练"。

不用理会那些建议你寻找利基市场或努力成为"小圈子里的大人物"的人。我的同事马歇尔·戈德史密斯 (Marshall Goldsmith) 是全球知名教练，没有人将他放在利基市场中测评，而是把他看作一名能够超越所有特定环境的伟大教练。

提供长期可供选择的支持

教练是一个过程，而不是一个事件。因此，它的持续周期相对较长，可能是一个月、一年，甚至更久的时间。

延伸的咨询关系与我们之前讨论过的解约之间具有什么区别？如果客户经常受到教练，这是否表示他缺乏学习？

幸运的是，回答是否定的。聘用关系的设计初衷是维持长期的合作关系，这种关系可能会维持数年。我曾经教练过一名大型子公司的总裁，时间长达 5 年，我每年都会得到一笔佣金。这样做的原因是，你可以提供合理的、长期的支持服务，其中包括：

▶ 客户更新工作任务、得到改进或转向新的领域；

▶ 企业状况发生改变 (兼并、剥离、新市场等)；

▶ 技术与信息传达发生变化；

▶ 人口统计资料与客户发生变化；

▶ 全球环境发生变化；

▶ 社会环境发生变化；

▶ 个人状况和关系发生变化。

我们都在逐渐长大，以不同的速度走向成熟。我和妻子第一次看到泰维（剧中人物）演唱《日出与日落》(Sunrise, Sunset) 是在歌剧《屋顶上的小提琴手》中，当时我和妻子已经结婚，但还没有孩子。随后的多年里，我们一直在看这部歌剧，直到我们自己的孩子长大成人，而我现在比泰维的年纪还大！这些可以改变一个人的观点，并要求在工作和生活中改变自己的行为。

提供长期帮助的最佳方式是建立聘用定金关系，但是我只是从咨询的角度使用"聘用定金"一词，而不是从法律角度。后者只是一种按照小时数扣除的定金，一旦使用殆尽，便需要重新支付。前者是为了得到你的才智而做出的支付。你很愿意购买保险等服务或消防系统、灭火器具等物品，即使你希望永远不会用到它们。

同样的道理适用于在"咨询—教练"关系中获得你的才智。客户付款是为了知道你会在需要的时候出现。在与我的首席执行官客户合作的 5 年中，他会每个月给我打一次或两次电话，或者有时候一个月从不打电话。他并不是根据电话数量来付款，而是根据我的建议的质量以及在需要时可以得到建议的可靠程度。

> 永远不要因为客户在一段时期内没有使用聘用佣金而"延续"培训时间。你的客户是一名成年人，而你不是他的父母。保险公司也不会因为客户没有使用保险金而进行贴现。

如果你能够要求几名高层次客户与你建立聘用佣金关系，你将在较长时间内获得足够的收入，而工作强度却非常低。确定佣金关系价值的主要因素包括以下几点。

1 **多少人可以获得？**是客户，客户与下属，或者一个团队？可以获得的人数越多，价值就越高。

2 **范围有多大？**能否同时在美国东部的商务时间和美国西部的商务时间找到你？能否在周末时间找你咨询（帮助客户准备周一早上的董事会议）？是通过电话，邮件，或者面对面咨询？如果是面对面咨询，多长时间一次？

3 **期限有多长？**聘用佣金至少应该用于三个月的教练服务，或者更长的时间。你可以每月收取佣金，例如 7 500 美元或 1 万美元，这主要取决于之前的因素，你应该至少提前三个月收到佣金，同时给出相应的折扣。对于一年期的聘用业务，我每个月将收取 1 万美元，如果客户在年初(1月1日)支付所有费用的话，我会给出一定的折扣，全年只收取 10 万美元的费用。事实证明，这种做法对双方都有利：我可以提前使用这笔钱，而客户的教练服务也得到保证。

通过长期工作培养长期客户。一旦与客户确立业务关系，不要在拿到佣金后立刻放手。

第 **7** 章

如何避免错失赚钱的机会

大多数教练超额完成工作，却收费过低。

基于价值的教练费用

如果你每年少收取 10 万美元的教练费，那么 10 年以后你将损失 100 万美元，而你永远不可能再重新获得这笔钱。任何办法都无法挽回。如果你这样做已经长达 10 年之久，那么到今天为止你少赚了 100 万美元。

当然，你可以在下一个 10 年避免再次出现这种情况。

计酬时间单位是专业服务中很难处理的因素。按照天数或小时数收费 (律师通常以 6 分钟作为计费单位) 不但是一项低利润的工作，而且实际上是不道德的。考虑一下：客户通过快速改进享受优质服务，而教练却通过长时间的互动而得到报酬，即使双方都非常正直，但其中也存在固有的内在冲突。

基于时间收费还具有以下严重缺陷。

▶ 客户认为在需要教练时必须做出投资决策："这个问题是否值得花费 700 美元、1 500 美元或 2 500 美元？"

▶ 客户会由于某些琐碎的原因轻易地取消合约，因为不存在任何惩罚措施。

▶ 教练被看作一种商品，而他 (她) 基于小时或天数的收费

将被与其他教练做比较，即使他们的才能和经验可能存在
很大的差异。

▶ 客户将合理地提出这样的问题：能否在更短的时间内取消
或完成某些沟通。

▶ 要么很难编制预算，因为你不知道需要多长时间；要么很难
完成高质量的工作，因为预算将导致小时数受到很大限制。

在独立经营的咨询师[①]中，基于价值的收费标准已经变得非
常流行，而且这种方式仍在继续发展。2010 年，澳大利亚最高
法院的首席法官做出了一项公开声明，禁止律师按照小时数收取
费用，因为这种方式既不能代表他们自身的价值，也不能更好地
服务客户。你可以在我的个人博客中看到他的视频 (http://www.
contrarianconsulting.com/-/value-based-fees-from-australias-chief-
justice)，也可以在网站 (http://www.contrarianconsulting.com/
page/2) 上看到我对一名会计的采访过程。

在教练职业中，如果遵循下列步骤的话，你可以根据价值而
不是根据时间单位来收取费用。

▶ 确保你的谈话对象是经济买方，即掌控支付预算的个人。
记住，这个人可能是也可能不是你的客户。

▶ 制定发展目标：需要实现哪种行为和结果？

▶ 设定成功标准：使用哪些证据和指标来测评取得的改进或
成果？

▶ 证实价值：实现这些目标将带来怎样的影响？

例如，如果你正在帮助一名呼叫中心经理改进他的面试技巧，
目标可能包括：

▶ 在一次面试中，确定候选人是否适合呼叫中心的工作；

▶ 降低新聘用职员的失败概率；

---

① 我在 20 世纪 90 年代初就提出了这个概念，详见我的著作《基于价值的费用》
(Hoboken, N.J.: John Wiley & Sons，2006)。

▷　节省出持续聘用和保留员工所需要的资金；

▷　帮助这名经理减少用于面试的时间，转向改进该部门的工作绩效。

成功标准可能包括：

▷　通过一轮面试（不超过 45 分钟）完成招聘工作；

▷　面试结束后，这名经理将完成从比较候选人信息到是否符合工作要求的评估；

▷　24 小时内做出是否聘用的决定；

▷　总体来看，85% 的新聘用职员至少在该岗位上工作一年以上。

价值包括：

▷　每年在面试时间和后续工作方面至少节省 1.5 万美元（节省 50 个小时，每小时成本 300 美元）；

▷　每年至少节省 40 万美元（每个职位的员工的更替和培训成本为 4 万美元，每年将大约减少 10 次更替）；

▷　改进单位绩效，因为这名经理可以投入更多的时间用于开发工作，同时拥有更多可以自由支配的时间，工作注意力可以更加集中。

这种面试准备和教练在一个月中将需要花费 20 个小时。如果你根据小时数收费的话，例如每小时 500 美元，那么这个项目需要收取 1 万美元。但是，如果根据价值收费的话，例如 10:1 的回报率的话，这个项目将价值 4.15 万美元，这还不包括改进绩效的价值。

> 不要把自己看作计时工作的商贩。你是与买方合作解决重要问题并根据结果收取费用的合伙人。

记住，节省的资金和做出的改进必须按年度进行统计！

当我的"收费基础"遭受质疑时，我会这样说："我收取的费用是基于我对我们所实现结果的贡献，对你来说是巨大的投资回报率，对我来说是同等价值的报酬。"

你应该考虑的因素包括：

▶ 我的客户对实现的结果有多大影响？

▶ 受到影响的组织拥有多大规模？

▶ 涉及哪些新的收益、利润或者成本节约？

▶ 买方（不是客户）认为哪些是有形的改进？

这里的关键差别在于，你向买方询问如何界定目标、标准和价值，以便促使买方做出相应的努力。我将这一步称为概念上的协议，即你和买方在你提交计划书之前已在项目价值方面达成一致。[①]

你的教练将对客户和客户的组织产生重大影响，因此你有任何理由收取相应的费用。另外一个好消息是，如果你决定把每一名潜在客户看作基于价值支付费用的客户，这一切尽在你的掌控之中。

这就是如何避免少赚 100 万美元的方法。如果你经验丰富的话，什么时候开始自己的事业都不晚。如果你经验不足的话，那么应该先养成良好的习惯。

聘用定金的应用技巧

我们在第 3 章简要讨论了聘用定金，将其定义为基于价值的收费中一种典型的收费基础。我们随后将把它作为加速曲线的重要结果进行再次讨论。目前，我们先考察一下聘用定金的某些具有细微差别的作用，因为这些作用实际上介于咨询与教练之间。

我在刚开始的时候已经证实，大多数咨询师 (2/3 以上) 在他们的职业生涯中都从事过教练工作，尽管他们可能不这样认为。

高层管理者迫切需要接受教练，学习如何强化由下属获得的

[①] 你可以在附录中找到关于这些步骤的问题样本。

新技能、评价新的行为模式所产生的结果，或者根据变化的技术和条件改变自己的方式。

同样，教练项目中将涉及长期聘用定金，这些项目将根据具体的发展目标设定明确的开始阶段、中期阶段和最后解约。这种情况可以避免造成互相依赖的后果，其发生的时机包括以下几种。

▶ 客户将逐步实现自我发展，改变自己的角色，面对新的形势，并调整自己适应新的条件。

▶ 组织预测到将出现重大变革和挑战。

▶ 需要技能和行为的情况并不常见，它们偶尔会出现并要求做出微调。

▶ 定期的、可以预测的重大时刻，例如每季度一次的董事会议或每月一次的海外出差等。

有的时候，对于有些新客户，哪怕没有推进任何项目，也适合从外部聘请教练。这些特点通常表明具有以下机遇。

▶ 客户经验丰富，而且非常成功，但是可以确认出在哪些重要情况下需要"随叫随到"式的帮助。

▶ 你们之间的关系非常融洽，客户意识到通过获得你的"智慧"可以为他带来巨大的收获。

▶ 需要宣传者来传播创新理念、进行风险评估等。

▶ 需要调解人或仲裁者解决团队成员之间的分歧。

▶ 需要一名"假想敌人"测试各种设想或者充当"唱反调"的角色。

聘用定金数量的设定主要取决于以下三个因素：

▶ 可以获得教练的人员数量；

▶ 获得教练的条件或范围；

▶ 教练时间的长度。

> 在计划书和传统项目中给出聘用定金选项。客户或买方可能不会考虑这一点，但建议及其相应的标价有可能具有很大的吸引力。

聘用定金类似于保险单据，或者"以防万一的"、视情况而定的行为。大多数人希望永远不要使用自己的残废保险、灭火系统或者备用发动机。但是，它们都是存在的，而且状况良好，并被所有人看作重要的职能规划的组成部分。

聘用定金都是相似的。如果客户需要你的话，你就会出现。在刚才的案例分析中，我每个月和这名总裁打两次电话，每隔一个月会造访他一次，每次时间为一天或两天。他有时候会在周日打电话，要求召开紧急董事会议，进行角色扮演实践或获得某些建议。有时候他会在周一播放"足球之夜"节目时打电话，这并不是因为他在看这个节目，而是因为他知道我正在看！

他发现，在他需要我的时候知道我可以随时出现是很重要的。在过去的 5 年里，他曾要求我在他的公司里花费一周时间帮助他召开紧急会议（由于公司出现内部问题）。我很高兴地答应了。不要忘记，这名客户在过去 5 年里的聘用定金总额达到 57 万美元，此外还有 15 万美元的项目工作费。而且，我只是对这名公司总裁负责。

案例研究：聘用定金的力量

为一家财富 25 强企业成功完成了两个项目之后，这名总裁和我商定将下一年的聘用定金提高至每月 1 万美元，如果 1 月 2 日付全款的话，折扣后净收 10 万美元。他对此表示同意，针对 5 年关系中前 3 年的相关事宜，我们将在 11 月通过商谈进行延期。

不过，在第三年年末，我按照惯例提出延期，他说："不，这次不延期了。"我感到非常意外，我以前太盲目了，以至于完全相信他。

　　在我做出反应之前，他说："把定金提高到 13.5 万美元，这是你为我提供的价值。"我顿时哑口无言。

　　聘用定金是艺术与科学的结合体。"科学"是指范围和期限，而"艺术"是指你自己的信心和处事是否沉着冷静。不要因为尚未使用时间而将其"延续"。你获得聘用定金的原因是你具有提供帮助的潜力，而不是因为实际使用的时间。不要认为自己必须"编造"你从未真正使用过的时间。不能因为你自己的客户使用了你较少的时间而向其他人提供帮助，这将引起"范围蔓延"的问题。

　　聘用定金的艺术性在于意识到自己具有极大的价值，而且可以为他人提供很多帮助。随着教练职业的发展，他们应该更多地采用聘用定金的运营模式，以便降低自己的劳动强度、工作时间和压力。考虑下面的问题：如果你同时遇到很多此类事件，你可以通过最少的工作赚取较多的钱。

　　很多教练超额完成工作但收费过低的原因是，他们没有考虑到自身所提供服务的价值。他们认为自己只有在做事时才是有价值的。我们都认为消防部门和急诊医疗队是有价值的，值得我们交纳税金，但同时希望我们自身永远没有这样的服务需求。这是对"传统智慧"的轻视，不过那是题外话了。

把自己与"传统智慧"分离开来

　　教练行业中的传统智慧既不是传统的，也不是英明的。任何一个方面的真实性都比不上对费用的考虑。

　　我曾经在教练会议的主会场听到过下面的言论。

▶ 教练只是"雇来的帮手"，如果你要求他们搬家具或与其他教练合作，那都是人们预料之中的，也是恰当的。

▶ 费用属于"供需"问题，因此只有在供不应求时，你才能提高费用。

▶ 基本费用应该由你的代理设定。

▶ 设定费用的基础是你提供服务的时间长度：短期访问、半天、一天或者几天。

因为出版商不希望我撰写一本长达 400 页的书，在此我就不做赘述了。接下来，我们开始讨论初步的"传统智慧"。

1. 我们都是熟练的专业人员，不是喜欢炫耀或者碰巧在我们无法修理管道时给予教练的"万金油"。你能想象自己的医师为你提前完成了体检，而你提出这样的建议：既然还剩下一些时间，能否帮我检查一下汽车里的汽油？

2. 供应将永远超过需求，除非你每年预定 350 天，即使如此，你也有可能在一天内教练 2 ~ 3 次。获得财富的关键在于产生自由支配的时间，而不是自己一直工作到死。

3. 代理商和中间商不会考虑你的最大利益，甚至不会考虑客户的最大利益，他们只考虑自己的最大利益。他们中有很多人希望拥有一些收费较低的教练，以便可以收取数量众多的低价佣金。对大多数机构来说，你是一名"雇来的帮手"，甚至只是一只托运东西的"牲畜"。

4. 高效的 45 分钟要比糟糕的一整天更有价值！我们应该总结一下时间变量。费用的基础是价值和时间。影响我们创造、展示价值以及收费标准的最大因素是我们的自尊心。自尊与效力之间存在明显差异，自尊是指你觉得自己有价值的程度，而效力是指你完成工作的程度。它们都属于独立变量。

你可以把自尊看作一个动词或动作，它可以帮助你更加自信。你的自尊程度越高，你将变得越自信，而你越自信的话，你就会越肯定自己的价值，进而在要求得到同等报酬时变得更加有信心。

如果你觉得自己不值得的话（尽管你拥有高水平的技能和能力），那么你将更难为自己提供的价值收取相应的费用，因为你认为自己不值这个费用。（那些建议你以"雇来的帮手"身份思考问题的专家们经常遇到这样的问题。）

图 7-1 给出了指导性的建议。

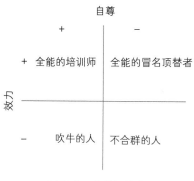

图 7-1　自尊与效力

处于左上限的人都具有较强的教练技能，而且非常肯定自己的价值。这种对所提供价值的理解帮助他们收取与自身提供帮助相应的费用，无论他们处于怎样的环境或面对怎样的买方。

> 不要同意由其他人设定费用标准、费用政策或费用条款。这是你的生活，它们是你的费用，应该由你自己决定。

处于右上限的人都非常有才能，但是他们认识不到自己的价值，因此质疑自己被选中的原因，或者把自己的成功归因于运气。他们感觉自己是冒名顶替者，随时可能会被他人揭穿身份。我曾经遇到成千上万的咨询师、教练、演讲家，以及其他处于同行业的人士，他们不能收取足够的费用，因为他们认为自己不值得收取那么多，而且买方早晚会意识到这一点！

处于左下限的人都非常自信，但他们都没有什么内涵，而且能力比较低。他们属于"空洞""牛仔"或"吹牛"型的人。他们极端自信，经常说大话。但是，与冒名顶替者相反，他们认为自己永远不会被"揭穿"，因为他们都能说会道、口齿伶俐，而且颇具个人魅力。他们钟情于自己的职业，却很少做出承诺或表现得很积极。

最后，处于右下限的人既缺乏自尊，又缺乏应有的技能。他们与社会疏远，并遭到孤立。(有一种自杀行为被称为"社会紊乱"，意思是与社会相分离。)

你将在自己的教练工作中看到这些类型的人，而有些教练也是这样的人。我在这里提到他们是因为，收取适当费用的有效方式是成为一名全能的教练，充分理解你可以运用的技能，并肯定自己在帮助客户时的重要性。

但是，"传统智慧"经常传达这样的信念：你不应该"出风头"，不应该引人注目，也不应该居功自傲。有些人将告诉你应该有意识地"衣着简朴"，不要驾驶过于奢华的车，降低使用语言的复杂程度，以免客户在和你做比较时感觉不舒服，甚至憎恶你。

记住：有实力的人喜欢围绕在有实力的人周围，因为他们的周围有足够多的"好好先生"。他们在寻求"压力"和挑战，而不是寻求更多的下属和阿谀奉承者。如果你希望根据自己提供的价值收取更多的费用，首先而且最重要的是你必须认可和肯定这些价值。

销售的第一步是销售自己。

与真正的买方交易

避免错失赚钱机会的首要因素是，确保自己正在与真正的买方交易。我曾一度称某些人为"经济买家"或"真正的买方"，因为他们具备开具支票的权力和能力。

我们并不能通过头衔或名片辨认他们。我在默克公司的一位重要买方的头衔是"国际开发部经理"，但是他有权每年向我购买总价 25 万美元的服务。

我碰到过很多"高级副总裁"，他们甚至无权帮我找一个车位。（这种情况在银行界尤其明显，所有的人都是副总裁，都能得到体面的薪酬。至少"卫生工程师"知道他们是垃圾收集者。）

在小型企业中，买方通常是所有者或总裁。而在大型企业中，买方可以是拥有一定权力的任何人，但多数情况下是负责盈亏的人员，例如，子公司、某部门或分部的领导，重要职能机构的领导，非营利部门的执行董事，等等。

如果你不确定的话，下面这些问题可以帮助你"筛选"出经济买家：

- ▶ 谁的预算将支持这项投资？
- ▶ 谁将负责评估投资回报率？
- ▶ 谁是主办者或拥护者？
- ▶ 谁最后批准此项支出？
- ▶ 你需要得到谁的批准？

注意：委员会通常没有预算，但是某些人有预算。委员会可以做推荐，但他们很少在企业界中做出决策。此外，有些假冒的买方可能会告诉你，他们具有最终决策权，这是他们的项目，而他们是最终的决策制定者。如果双方能在下一个小时达成协议，在这样的前提条件下互相握手，你可以在第二天开始这个项目。（实际上这是一份合同。）

如果他们握手的话，他们可能就是买方；如果他们不握手的话，他们就不是买方。我称之为"通过或不通过握手测试"。你在寻找经济买家（也可能是你的客户）方面花费的时间越长，你就能越快得到高质量的业务。你不会允许并非买方的内部人员为你提供营销服务。他们绝对不会像你那样充满热情，他们有自身的可信度问题，担心自己的未来和退休计划，而且无法回答只有你自己能解释的问题。那么，你真正找到经济买家之后会发生什么？你们会相处得很融洽。

有实力的人喜欢与有实力的人打交道。一定要衣着得体。我不再对"装扮得体"老生常谈。我所指的是穿着优秀设计师设计的服装，即使你必须典当东西才能购买。不要突然拿出一支价值19美分的钢笔。使用卡地亚或万宝龙等品牌的钢笔。

不要背着破旧的电脑包和重达40磅的配件。使用高品质的笔记本或手提电脑。一定要表现出很舒适的样子，而且非常习惯于在大办公室和装修华丽的环境中工作。拒绝接受他人提供的咖啡或茶点，因为你实际上并不需要它们，而它们溅在你或者客户身上的可能性非常高。既然你已经发现买方，并且与买方建立了关系，接下来该怎么做？下面的步骤可以确保你能够提高与经济买家打交道的效率，而且可以避免错失赚钱机会。

题外话

我曾经在买方提供咖啡的时候要了一杯无糖苏打水，他不得不找遍整个办公室才找到一罐，这是一名秘书很不情愿地让出来的。我大喝了一口，液体顺着"气管"流下去，随后又喷了出来。我记得买方赶紧擦掉了喷在他女儿照片上的苏打水，这张照片本来一直放在他的桌子上。

① **建立相互信任的关系。**这意味着另一方相信你会考虑他的最大利益，这将培养双方之间的信任和利益共享。通过相互提供价值、聆听对方的想法、诠释自己所听到的信息并理解买方的经历和做法，你们之间可以建立起信任关系。信任关系的标志包括：

▶ 共享你并未要求获知的信息；

▶ 对方咨询你的建议；

▶ 对方因你的幽默而发笑；

- ▶ 相互披露内部信息；
- ▶ 阐述个人目标；
- ▶ 接受"推迟"和质疑。

② **寻求概念上的协议。** 你希望确立具有发展性的目标、进步和成功的判定标准，以及实现目标的影响，我在前面称之为概念上的协议。注意，你们在确立信任关系之前无法有效地做到这一点，因为买方不愿意分享某些信息。

③ **如果客户不是买方的话，尽量安排与他（她）面谈。** 切记"眼见为实，耳听为虚"。客户是否对这个过程负责？是否对你做出快速回应？这些早期的"化学作用"是否有意义？

④ **提交计划书。** 在这个阶段，而且只在这个阶段，你才可以提交计划书，计划书中应该包括为经济买家提供各种选项。此时，你们已经达成概念上的协议，而且你已经与客户见过面。

这些选项将帮助买方以更高的成本提高价值（增加投资回报率）。提供选项之后，"我应该做这些吗"替代了"我应该怎么做这些"，这样做可以将你的成功率至少提高50%。（如果你不信的话，现在就尝试一下。不要问其他人"我们应该再次见面吗"，应该问："我们是否应该在明天同一时间见面，或者在周四早上见面，或者在周五下午两点举行电话会议？"）

最后，真正的买方能够而且将很快地做出决策，所以时刻做好准备。但是，不要仅仅准备解决障碍和面对拒绝，还要准备好对方接受和获得成功的情况。你可能会听到这样的说法："我非常同意你所说的话，你看起来很喜欢我们，那么我们多久才能开始呢？"至少花费一天的时间来设计自己的计划书，否则你将无法提供选项，并将降低自己的价值，这意味着你将错失所有的赚钱机会。

突破：资金并不是一种稀缺资源

接下来讨论下面这种说法：资金并不是一种稀缺资源。

从与客户建立关系到获得客户的过程中，教练经常突然遭到拒绝，因为潜在客户认为："我们很希望这么做，而且很明显你是我们的首选教练，但是我们并没有这笔预算。"

在这种情况下，教练应该：

- ▶ 找到再次面谈的最佳时机，例如 6 个月或者一年以后；
- ▶ 询问客户是否认识可以提供预算的其他人；
- ▶ 努力降低费用标准；
- ▶ 更改条款，以便可以延期付款；
- ▶ 主动退出。

所有这些做法都是荒谬的。有些人不懂得组织中的预算和支出状况，有可能采取错误的行动。

没有人会在早上醒来后突然说："我打算留出 3.5 万美元，聘请一名我从未见过的教练，我认为我们将需要他，而且今天就要定下来。"即使具有合理的、预期的教练需求，很多情况下也会缺少足够的预算，因为人们很难预测具体的费用。（这就是为什么没有预算权的人力资源部门经常说："你能否降低收费标准？"）

请记住，关于赚钱的基本原则是：

资金不是一个资源问题，而是一个优先权的问题。

资金是永远存在的，灯光是亮着的，员工正在得到偿付，抵押是最新的，保险是有效的。所有的企业都有资金。

问题是：**这些资金将支付给谁？**

当你听到"对不起，我们没有资金用于支持这个项目"时，应该理解到，这句话的真实意思是"我们当然有资金，但我们不会给你，因为我们发现把资金给其他人将带来更多的价值或回报"。

就是这么简单。

教练要对已有需求 (帮助此人在未来得到晋升) 做出回应，创造一种需求 (你将需要更多技术经验丰富的高层管理者)，或者预测一种需求 (我知道你在哪些方面需要跨文化管理的帮助)。因此，与买方情感相关的强烈需求将帮助你优先获得组织中的资金。

> 如果你正在讨论价格，而不是讨论价值的话，你将失去对讨论的控制权。

真正的买方有能力把资金从一个项目转移到另外一个项目。他们的自行决定权和责任感可以确保根据回报率制订英明的投资决策。他们可以缩减会议支出、减少差旅费、推迟设备购置或选择不招聘新的员工。如果他们发现了更有效的投资渠道，他们就会拥有各种类型的自行决定权。

因此，你的方式和语言必须是关于价值的，以及知晓哪些利益是组织的、买方的或者客户的。下面这些问题可以用于帮助买方评估教练项目的价值。

▶ 这些结果对组织来说意味着什么？

▶ 你怎样评估真实的回报率 (例如投资回报率、资产收益率、销售收益率和权益收益率等标准 [①]) ？

▶ 改进的范围如何？

▶ 这些结果将如何影响利润？

▶ 每年将节省多少资金 (第一年的结果可能是虚假的) ？

▶ 将造成哪些无形的影响 (例如对声望、安全和舒适度的影响) ？

▶ 你将如何改进自己的状况？

▶ (对客户、员工或卖方的) 影响范围有多大？

▶ 与你的综合责任相比较，这些结果有多么重要？

---

① 投资、资产、销售额和权益的回报率。

▶ 如果失败的话，会出现什么情况？

不要忘记，如果买方和客户是不同的人，而且你正在教练很多人或团队的话，你可以将这些问题应用在三个维度上，即组织、买方和客户。

对于你们中比较大胆的人来说，你可以向他们提出以下问题，在确立关系之初或讨论有所进展时确定预算期望。

▶ 你是否为这个项目确定了预算或投资额？

▶ 资金是否已经分配完毕？这些资金是必需的吗？

▶ 你对所需投资有什么期望？

▶ 如果我们不浪费时间，这些参数将会继续保留吗？

▶ 你以前是否这样做过，投资处于什么水平？

▶ 在财务年内，你可以做出什么授权？

▶ 我能否认为一种提案可以证实恰当的支出？

▶ 为了实现这些结果，你准备投资多少？

▶ 为了得到较高的回报，你会不会考虑更大的投资？

▶ 坦诚一些：你打算投入多少钱？

你可能不会提出上述所有问题，也许你会改变自己的时间安排，但是你应该仔细审查，以便确保你的买方完全肯定实现发展目标的价值，同时确定他们愿意进行相应的投资。

所有问题都与投资回报率相关。

如果你不希望错过任何赚钱的机会，你将不得不收取高额费用，这些费用代表着你所产生的价值。为了做到这一点，你需要通过真诚的对话找到真正的买方，以便证实即将提供的巨大价值。这样的话，此项费用是一种可以授权的、合理的，甚至保守的投资。

你不能这样对待低层次的人。如果你不能使用恰当的语言阐述价值（不是价格），就不要这样做。除此之外，如果你自己不相信的话，也不要这么做。记住，首次销售通常都是卖给自己的。

第 8 章

积极的营销

> 你也可以成为明星。

你为什么不能教练自己

我曾经为时间管理专家教练过时间管理技能，为销售专家教练过销售知识，为营销大师教练过营销技巧。

这样做既没有令我感到惊讶，也没有引起他们的尴尬。你不能教练你自己。优秀者中的最优秀者将接受教练。（我非常相信医疗，而且会定期体检，并不是因为受伤或其他问题，而是为了确定自己的身体运行良好，以及我是否能以正确的视角来看待整个世界。）

最优秀的高尔夫球员拥有自己的挥杆教练，歌手拥有自己的发声教练，而企业经理们拥有你和我！这就是外在教练需求存在的原因。

如果你考虑一下高效教练的几个基本问题，将很快意识到教练自己将导致精神分裂症。

- ▶ 评论；
- ▶ 及时反馈；
- ▶ 信任与"推迟"；

▶ 可以调整的实践。

我们提供给自己的教练质量远远低于我们为其他人所提供的教练。

情况确实如此。

这样的话，我将利用几页篇幅的内容帮助你认识到，不设法获得他人的教练帮助将是很危险的。

1. **你将在自己擅长的领域变得更加熟练。**很多专业人员已经开发出一系列技能，然后进行研究和提炼，同时不断充实和巩固，并经常获得更多的技能。教练是一种终身学习活动，其广度要比深度更重要。

2. **你养成了坏习惯。**客户不能经常说你所做的事情不对，或者说你只是运气好，即使犯了错误，也能逃避责罚。例如，你可能与买方失去联络，因为此时你只关注你的客户，而你的买方却返回来联络你。这种情况可以称之为运气好。如果没有反馈的话，你将很难发现自己的错误。

3. **客户开始指定你的方法。**职业危害是简单地接受客户的要求（"我们希望与团队领导者合作 60 天，因为她看起来处境不佳。"）这种要求类似于对征求建议书的回应，而征求建议书仅仅是其他人寻找卖方提供教练服务的选择。

4. **你的参照标准将一直受到限制。**你应该忙于应对其他人，以便理解这个行业中正在发生什么，而这些现象并没有显示在你的屏幕上。也许你从未对客户使用全方位评估，但你应该了解这样做的优势和不足。

如果你打算从事积极的营销，并希望成为关注目标的话，就需要宣传媒介。你应该不断地与教练接触。

当我帮助人们学会如何将收入从六位数增长到七位数时，最具启发性的因素是，他们不得不改变自己做生意的方式。正如我的同事、教练马歇尔·戈德史密斯 (Marshall Goldsmith) 所说："没有屡试不爽的方法。"为了获得更高水平的绩效、收入和更多自由支配的时间，你需要全面改变自己的经营模式，而经营模式与个人发展有自然连带关系。

在寻找教练的过程中，你可以避免接受未经请求的回馈，这些回馈通常是针对发出者的。你所需要的是请求得到的反馈，它们将帮助你选择你所尊重的人，以及具有相关技能和能够帮助你的人。

你在图 8-1 中看到的是经典的"S 曲线"，它显示出新的实践（或者产品和服务）通常在刚开始时发展很慢；但是，如果这些实践是合理的，它们将很快发展起来。在 S 曲线的顶端有一个平坦区域，我将之命名为"成功陷阱"。这是因为，你在平坦区域将毫无进展，而且根据一致性准则，该区域最终会遭到侵蚀。

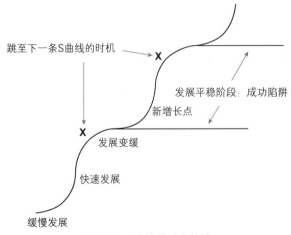

图 8-1　S 曲线的动态特性

因此，跳至下一条 S 曲线的时机是在最大的加速度上，因为它提供了最短的跳跃时间和最强的动力。如果你一直等到自己从这个高点落下来的话，你将失去跳跃的动力，中间的差距会变得非常大。

处于真空管行业中的企业很难成功地转入晶体管行业，因为该行业是直接的技术继承者。摩托罗拉公司是著名的手机生产商，主要生产装饰性的手机（越来越薄、越来越轻），但是这种手机是各种技术的综合体，最终使得摩托罗拉公司在手机市场上以失败告终。

教练已经受到全球化、新技术、社会习俗、企业战略、经济转型、人口迁徙等因素的影响。你一旦从最高点落下来，将遭遇最原始的说法："你不能从这里到达那里。"

我们所提到的旅程，即帮助你成为"明星"、技能中心以及一名善于思考的领导者，这并不是基于你的无所不知，而是基于你愿意继续学习。

成为关注目标

我正在区别"关注目标"与"善于思考的领导"，后者将在本章后面谈及。（当然，也要将其与"嫌疑犯"区分开来，后者经常出现于警察局的审问室里。）

关注目标是指人们经常谈论和提及的人。

关注目标通过以下方式向其他人展示自己的魅力。

1. **提供说明和原始来源。**很多教练依靠二手来源和臆断法（教练学校）。关注目标将打破各种虚构的表象。例如，社会心理学家艾伯特·梅拉比安 (Albert Mehrabbian) 的著作经常被后人引用，用于证明人们将更多地受到非言语行为的影响，而不是受到言语的影响。但是，这种结论是对梅拉比安著作的歪曲诠释，其中涉及人们切割成线和等待服务。

2. **经常出现在媒体上。**通过发表、采访、演讲、专题讨论和其他工具，关注对象将始终处于公众视野中。他们将对发展趋势做出评论，并做出谨慎的预测。有些人需要指出远程教练工作中存在哪些教练机会和局限性，以及需要哪些不同的技能。

3 **能够估计困难的局面和关系的可理解程度。** 它们可以把高度概念性的东西转化为有形的东西，这个过程被称为实例化。例如，在图 8-2 中，我们看到在某个不确定的时间段内从当前状态到理想状态①的转变。重点在于，未来总是看起来很值得期待，却很难帮助人们理解这个过程。想象这一点远比仔细考虑或解释它简单得多。

4 **没有"迷失在混乱和杂音中"。** 关注目标努力把自己分离出来，他们非常实际，很少会概念化，而且非常专心，不会迷失在自己的方法论中。他们所追求的是结果和成果，而不是技术和投入。

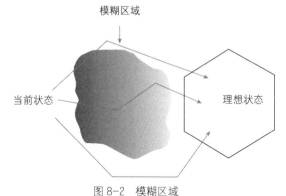

图 8-2 模糊区域

爱用反语的喜剧家史蒂夫·怀特 (Steve Wright) 曾注意到，他喜欢自己做白日梦，但是经常受到困扰。关注目标不会轻易受到困扰，他们提供的指导可以帮助同事和客户顺利通过他们职业生涯中的模糊区域。

---

① 我一直称之为模糊区域，但是优秀咨询师、作家威廉·布里奇斯曾称之为中立区域。我认为，该区域不仅是中立的，因为其存在可以感知的危险。

你们可能都见过沙滩上的鹬和鸻鸟，它们穿过海滨寻找被潮水冲上来的贝壳动物，但是它们奔跑的样子就像卡通人物在躲避每次的海浪。

这种来回的持续奔跑使我想到了很多从事教练等行业的人。他们不断地寻找机会，但是在脚被打湿之前就赶紧返回，不断地重复着与其他人同样的做法。

我们所处的行业并不会要求我们把脚趾放进水里，我们的职责是掀起波浪。（至少能得到七位数以上的收入，同时具有同等数量的可自由支配时间。）如果你经常选择退却的话，将不会在积极的营销中获得成功。

因此，关注目标不会利用社会媒介平台，也不会利用指导方法从平庸的教练成长起来，更不会在其他人辩论职业问题时保持沉默。你必须做事果断、无畏和坚持己见。你不要躲避各种辩论，要引述该行业已经证实的信条。

> 不要只是跟随他人。我们不是群居动物。你可以在其他人前进时坚持自己的立场，这样很容易引起他们的注意。

你讨厌装模作样。你不担心自己名字后面的各种头衔，但是会关注个人履历表中的客户栏。你正在朝着有见解的领导者发展，而非追求所有人的爱戴。

如果你想得到后者的话，则很难获得成功。

百万年薪咨询师的加速曲线

我曾经在世界各地组织和主持过每年一届的百万年薪俱乐部。我们相互交换各自的想法、沟通教练技能和智力资本。在首次俱乐部会议上，一位名叫马克·史密斯（Mark Smith）的会员在做生意的容易程度和费用的基础上提出了一个简单但有力的对比。我将其命名为"加速曲线",并开始在演讲家、教练、咨询师和相关职业中推广,如图 8-3 所示。

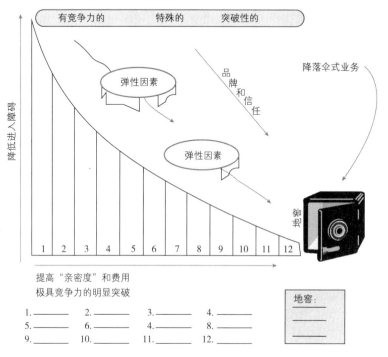

图 8-3 百万年薪咨询师的加速曲线

纵轴表示建立关系的障碍在不断降低,而横轴表示"亲密度"将不断提高,收费也将相应提高。(与直觉不同的是,这还意味着劳动强度降低,你将很快发现这一点。)

在纵行的数字 1 处,你可以提供免费下载资料或免费播客。移动到数字 4 后,你将提供小册子、手册、书刊、成本较低的电话会议等。在上面,你将看到最初 4 列的竞争力都很强,即与其他列的供应物没有什么区别。它们可以帮助人们很容易地了解你和你所提供的价值。

不过,第 5 ~ 8 列标注为"特殊的",其中包括重要的演讲、长达一天的研讨会、远程教练、长达一天的团队建设努力、视频教练包等。人们将以特殊方式与你展开更加紧密的合作，但费用会比较高。

第 9 ～ 12 列是"突破性"的供应物，它们都是专门属于你的，具有较高的亲密度和较高的费用。它们可以是为时几个月的教练、团队教练、复杂的评价等。最后，在你的"地窖"中是个性化的经历，这些经历完全取决于你自己以及你与客户之间的关系，其中包括长期保留者、对个人和团队成绩的定期审计、高绩效者对继任目标的准备等。

沿着加速曲线往下是信任和品牌的问题。你的受信任程度以及品牌知名度越高，你的发展速度将越快。不过，参与各列的目标是建立这种信任，推动你沿着曲线快速前进。

我发现弹性因素可以推动客户沿着曲线移动，向右方跨过多列。例如，很多人曾经读过我的书，例如《演讲家的商业思维》《咨询顾问的商业思维》和本书，这些书的价格一般在 15 ～ 30 美元，他们将主动加入我的顾问项目，价格一般在 3 500 ～ 14 000 美元，或者参与其他类型的特色项目，价格在 12 000 ～ 35 000 美元。我将提供顾问教练项目等业务，帮助人们向其他人提供顾问服务，他们利用我的品牌和加速曲线获得客户。

此外，加速曲线发挥作用之后，你将得到"降落伞式的业务"，该业务将通过口述和信任进入右边的图表。

不过，这里的关键是不要出现任何断层。你无法忍受有人对左上限产生兴趣，他却不能与你很快建立业务关系。很多教练在极左和极右处提供业务，但在中间部分没有任何业务，而有些教练只在中间部分提供业务，这意味着从他们入手是很困难的，而且在开始之后也无路可走。与直觉相反的是，我认为劳动强度会随着向右移动而逐渐降低。如果亲密度和个性化提高的话，情况会怎么样？

如果你的组织方法是正确的，你将发现客户和专业化的介入将取决于你的素质，而不是你的出现频率。很多教练看起来好像相信他们的出现将构成自己的价值，甚至有人曾认为他的视频文件就是他真正的价值所在！我在前面章节中曾经谈到，对于重要客户来说，你可以随时出现的"保险契约"具有很大的影响作用。

因此，如果你配置自己擅长的供应物和"地窖"，它们将不再依靠标签，而是依靠质量和访问，你将通过相对较少的劳动获得较高的收益。随着人们在加速过程中开始信任你，或者如果他们由于强有力的信任和品牌而开始降落，将接受你提出的最佳合作方式。

> 你不可能通过在加速曲线两端提供少量服务而得到七位数的收入。你必须吸引、培养和留住那些肯定你价值的客户。

不要把到场误认为是价值，那样会毁掉你自己，而这也是你必须根据价值，而不是根据时间收取费用的原因。（聘用定金具有时效性，但你在收费时无须考虑自己被联系的次数。）

曲线的纵轴是变量。随着你的经验、技能和价值的增加，你应该努力改变它们。有些变量会消失，而有些变量会被替代，其他变量会向右移动，例如，基本的教练费从 1.5 万美元上涨到 2.5 万美元，或者你的聘用定金从每月 7 500 美元上涨到 1 万美元。事实上，随着你的职业逐步成熟和发展，整个加速曲线应该向右移动。即使在最容易的入口点，人们也会聘请你或者购买你的产品。

复制图 8-3 中的图表，确定在你职业生涯中的这个时刻填写此表，以及在策划和实施方案时填写此表。只要你能吸引到客户并帮助他们获得你所提供的价值，加速曲线将帮助你获得成功。

考虑做一名有见解的领导者

有见解的领导 (thought leadership) 是一个使用率越来越低的术语；不过，就像授权 (empowerment) 一样，它还保留着一定的含义和完整性。对于希望获得成功的教练而言，有见解的领导是非常重要的。

有见解的领导者是专家的中心，是群体关注的目标，是开拓者。有见解的领导绝不招摇，非常稳重。有见解的领导主要具备以下特质：

▶ 经常被其他人引以为证，尤其是他们所在行业的其他领导者；

▶ 拥有众多类似的、受人尊敬的思考者；

▶ 经常推出新的知识产权；

▶ 经常被媒体报道或采访；

▶ 曾出版过商业图书；

▶ 经常出现在网站新闻中；

▶ 经常出现在公众场合；

▶ 根据经历改变和确定自己的定位；

▶ 维护自己的定位；

▶ 不惧怕失败——并非一切都是正确的或有效的；

▶ 具有国际知名度；

▶ 成为榜样；

▶ 拥有受保护的专利；

▶ 在他的工作领域，所有人都知道他；

▶ 拥有实用的、可以快速应用的想法，而不仅仅是概念。

在专业服务领域中，下面是典型的、有见解的领导者。

教练领域：马歇尔·戈德史密斯 (Marshall Goldsmith)

创新领域：赛斯·高汀 (Seth Godin)

投资领域：沃伦·巴菲特 (Warren Buffett)

领导领域：约翰·加德纳 (John Gardner)

个人发展领域：马库斯·白金汉 (Marcus Buckingham)

政治战略领域：玛丽·玛特琳 (Mary Matalin)，以及她的丈夫詹姆斯·卡维尔 (James Carville)

公众演讲领域：帕特里夏·弗里普 (Patricia Fripp)

销售领域：杰夫·吉特默 (Jeff Gitomer)

小企业发展：大卫·梅斯特 (David Maister)

社会趋势领域：马尔科姆·格拉德威尔 (Malcolm Gladwell)

咨询领域：艾伦·韦斯 (Alan Weiss)

战略思维领域：彼得·德鲁克 (Peter Drucker)

技术领域：沃尔特·莫斯伯格 (Walter Mossberg)

培训与发展领域：罗伯特·梅格 (Robert Mager)

很明显，在某个具体的领域中可能存在很多有见解的领导者。但真实情况是，如果你在这样的领域中，而且你从没有听到过这些人的名字，那只能说明你仅仅是一名新手。你可能不同意有见解的领导者的观点，而且可能从未见过他，但是如果你从没听说过此人或者不知道他在该领域中的成就，那就是你不够严肃。

如果你希望积极地营销，应该努力让那些制订购买决策的人认为你是一名有见解的领导者。本章前面谈到的市场引力策略是一种非常有效的机制，可以确保你的名字、成果和知识产权被人们认知和获取。

> 在森林中不要总是追随他人。找到适合自己的路，
> 或者买一把斧头开辟新的道路。

有见解的领导是伟大的，它可以产生光和热。"热"是指对学习和成长的渴望和紧迫感，可以帮助你吸引到其他人。"光"是指你提出的用于引导这些人的见解和技能。

作为一名教练（或者咨询师），一定要努力开发和传递新的实用理念。

1. **与自己的客户合作。** 当你参与到新的项目中（例如教练客户团队以及他们的客户）时，一定要获得文档权限、出版相关方法和结果的授权。如果你不能得到这样的授权，那么一定要获得相关模式和流程，并在为客户保密的情况下予以公示。

2. **发展技术。** 所有人都需要接受电子邮件、互联网、网络事物和远程通信等新事物。如何在这个领域获得成功？如何总结和分享这些经验？你的成功经验也将对其他人有所帮助。

3. **采用共享意识。** 人们有时候认为将自己的知识产品整理并发表在出版物上是一种冒险的行为。这种风险不是公开发表本身，也不是得到别人的认可或肯定。如果你总是担心自己的知识被剽窃，时常隐藏自己的成果和见解的话，你将是很安全的，但同时很难获得成功。你必须向人们展示自己是一名有见解的领导者，不要说"你只能看到我锁在保险箱的东西！"[①]

4. **重新组合。** 世界上的新事物并不多（法老们需要教练来

---

① 这绝不是编造的：有些人希望在接受我的教练之后实现业务突破，却拒绝告知其业务内容。我告诉他，他可以聘请我提供教练服务，但我不会展示自己的教练方法，因此他只能假设自己得到了教练。

建筑金字塔，但他们运用了更原始的激励技巧)，但是如果你能调整和合并已有的构想，以此反应同时代的道德观、经济学和技术的话，你将永远领先于其他人。iPhone 和 iPad 都是现有技术的伟大重组，因此教练也可以把远程需求与语言机能、文化现状和职业策划结合起来。

如果你希望发展成百万年薪教练，必须先成为一名有见解的领导者，因为这种定位将提高你的知名度，因此人们会来找你并向你支付教练费用。这样的话，聘用定金会发挥作用，劳动强度也会随之降低，而可自由支配的时间将实现最大化。此外，它还可以引起媒体的关注，而这将是最重要的竞争优势。

当然，你还可以继续努力完善自己的领导能力。继续读，学会如何播放和欣赏音乐。

宣传自己

我在前面曾经提到，有见解的领导就像是一名与众不同的鼓手，但不一定是力气最大的鼓手。不过，你必须能够敲击乐器，必须能够产生振动。你不能像是森林中摇摇欲坠的树干。

如果你不宣传自己的话，那么你将无法获得成功。

自我评价较低所造成的一个基本问题是，你会认为自己毫无价值，不愿意得到他人的关注，而且无法证明自己的真正价值。这样的话，你将无法推介自己，无论你有多么理性和专业。此外，专业背景和正式职业也可能形成"较低标准"：治疗、授课、会计、法律、设计、中层管理等。

优秀的教练不可能是一名行乞者。他们不会奉承或讨好其他人。马歇尔·戈德史密斯于 20 世纪 60 年代(其职业生涯早期)成为彼得·德鲁克基金会的董事会成员，并成功合著出版了自己的首部著作。如果你遇到戈德史密斯先生的话，肯定不会认为他是一名害羞的、即将退休的教授。相反，他是一位充满活力、自信和果断的人，而且毫无疑问，他能帮助你（或其他任何人）。

回顾前面提到过的有见解的领导者的名单，你将发现他们都愿意告诉你为什么他是对的，以及他将如何帮助你！我不是在讨论打造一款电视导购节目，向观众推销一款定价为 19.95 美元的榨汁机。我也并非推荐使用直邮广告和电话营销，这些人除了发送直邮广告、垃圾邮件和打电话之外，没有做过任何有意义的事情。（曾经有一位著名的教练推出了一本教练杂志，并很快在这本杂志上将自己命名为"年度教练"。这真是太夸张了！）

你可以利用下面的技巧对自己进行得体的、恰当的、有效的宣传。

1. 使用"降落伞式报导"

当你发表演说和出版作品时，可以使用自己的经历。你可以隐藏客户的名字，但是一定要表明自己在其中所发挥的作用。例如，不要说"全方位反馈可以提供更多的见解"，而是说，"当我在证券公司的投资人身上使用全方位反馈时，我们在评估管理绩效方面创立了全新的模式"。你需要把自己与结果联系起来，而不是仅仅引用这些结果，就好像你在对自然现象做出评论一样。你做过什么？你是怎样做的？产生了哪些影响？

2. 使用有影响力的语言

人们通常会被行为和自信所感动，而不是被言论和消极情绪所感动。如果能控制自己的话，尽量不要使用消极语言。不要说："若拥有这些条件，我们可以做……我们非常幸运。"而是说："我们发现了一个难得的机会，并建立了独特的反馈系统……"

本章的主题是积极营销和获得成功。你必须具备相应的能力和发展目标，表现出自己并不仅仅对客户要求做出回应，而是做出重大的、富有创造力的改进。

3. 关注情感影响

逻辑性可以帮助人们思考，但情感促使他们采取行动。所有组织目标后面都是个人目标。确定个人关注的各个方面，例如遗产、可自由支配的时间、较少的压力、才能等，进而重视这些个人利益。

不要"仅仅"关注重大的组织改进，必须同时关注个人需求的直接性和短期满足。

4. 强调改进工作，而不是仅仅解决问题

补救行动并不是令人兴奋或佩服的。不过，如果能够提高绩效、赢得竞争或者开辟新市场，你将会感到热血沸腾。

为了显示出"更好的事情"是"成为全明星教练"或"设定新的标准"，你将做些什么呢？很多教练主要关注改进落后者，直到他们达到平均水平；很少有教练关注优秀者如何进一步提高绩效。

5. 审核自己的抵押品和网站

你的印刷版资料和电子版资料应该反映你的价值，而路边的广告牌或你的简历却没有这样的作用。下面是我们需要寻找、改进或打造的方面。

①　视频推荐书。要求客户对你的方法和结果提供长达 30 分钟的推介。(如果买方不是客户的话，那将很容易。) 在打印版的"推荐书"中，把这些写在印有抬头的信纸上，装订成册，使这些溢美之词长久保存。[①]

> 不要低估自己。如果第一笔销售是卖给自己的，一定要把它看成是重大的交易！

②　典型的客户结果。不要关注你的方法论或证书。要关注"对客户有什么作用"。根据你的经历和才能，不断提高客

[①] 这就是"前人"经常遇到的障碍。不能认为教练客户无法提供背书支持，或者认为提出背书要求是"不恰当的"。我保证：如果不提出要求的话，你将不会得到任何背书。

户对与你合作将产生的成果预期。

❸ 案例研究。提供你具体帮助客户的实例。我推荐三个简短的要素：情境、介入和解决方案。引证你遇到的情境 (迫切需要媒体技巧)、你的行动方案 (组建传媒公司) 和结果 (平稳处理临时问题)。帮助人们确定你曾为其他人所做的一切。

6. 打造公众激励和评论

制作 5 ～ 10 分钟的播客 (放在 iTunes 上)、10 分钟的视频 (放在 YouTube 上)、写博客和利用其他媒体形式，帮助你推广自己的知识产品，并鼓励其他人做出评论。使用免费的 Google 引擎，找到你被他人提及、复述或引证的情况。

除了上述工具之外，你可以随时制作其他成本较低的宣传品，它们可以帮助你引起其他人的关注。如果你不这么做的话，你的观众将把注意力转向其他人。

当然，如果你能做得很好的话，将很快获得成功。

第 9 章
自 我 发 展

如何做好事先准备?

滑雪教练需要站在你前面

我的滑雪教练帮我检查了装备,然后走上山坡,在我前面滑下去,离我只有大概 6 码的距离,同时不断回头看我,以确保我仍然正常前行。

这就是一名教练。

我叙述这件事的原因是,随着你逐步获得成功,你将面临很多成功陷阱。你需要找到更加优秀的人做你的教练,并努力模仿或超越他们。随着你选择的滑雪道越来越陡峭,一般来说滑雪者会越来越少,教练就更少了。

本书中的术语"教练"在 Google 上的点击量超过了 6 100 万次,"高层管理教练"的点击量也达到 3 500 万次。下面是一种持相反意见的说法:"教练大学"共产生 700 万次回应。

随着你的能力越来越强,你将如何变得更加成功?下面是可以使用的相关标准,因为你必须为成功做好充分准备。很多人只是局限在如何避免失败这一方面,但优秀的人通常会准备着获得和利用成功。

1. 有些人完成了你想做的事情，不断地寻求他们的帮助

很多成功者只不过是"昙花一现"，他们都非常幸运，并认为幸运实际上是一种才能。很多人可以出版一本书，签署一份咨询合同，或者得到一次演讲机会。（观察并思考你曾看到过的假冒者。）但是，很少有人能长久坚持下去。

如果有人曾经在大型组织从事教练工作达10年以上，拥有很多高端客户，并在该领域出版过4本以上的专著，后者经常出现在媒体上，那么此人将有可能为你提供重要帮助。不过，请接着看下一点。

2. 找到有能力并愿意帮助你的人

并非所有具备教练能力的人都能为其他教练讲授课程。我们知道，很多伟大的管理者、运动员和专业人员都无法培养自己的接班人，或者把自己的技能推广至整个团队或同事。这些人要么不能讲授自己的成功经验，要么不愿意讲授。

这样的话，既有能力、又有业绩（内容）的人必须同时具备沟通技能和传播他人所需知识（过程）的技能。通常情况下，你在挑选自己的教练时一定要比自己的客户更加谨慎！

在图9-1中，你可以看出冒充内行者没有任何本事，也没有任何传授技能。他只是在努力赚取你的钱财。独立专家都很聪明，也都非常成功，却无法传授技能。理论学家可以每天给你建议，却从未真正做过他自己所宣传的事情。（我怀疑其中包括所有大学中的教育学专业教授。）

只有超级教练有能力教练其他教练，其有不容争辩的成功业绩，以及向他人传授重要原理、技能和方法的能力。这是值得为之付款的，而且你在一个包含25人的课堂上是无法得到这些的，而且在模式僵化的项目或短期内也无法得到。

在这个成功层次上，你应该根据自己的特定需要规划自己的发展，其中包括你的才能、市场、背景、实践特点、未来和个人目标等因素。

内容技能：具备实际业绩

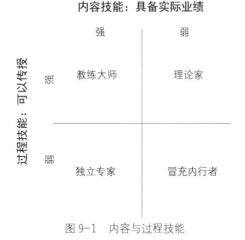

图 9-1　内容与过程技能

> 不要认为必须聆听那些主动提供的反馈，即使这些反馈来自你的同事。找到那些值得你信任的人，请他们对你做出反馈。

3. 经常提高自己的紧迫感

当我努力在这个行业中获得成功时，我提出了一个很有趣的口头禅：无论买方何时提出我能否为他做些什么时，我都会回答"当然能"。我发现，我可以采取行动，展开搜索，并很快知道应该如何去做，其做法远远优于回答："嗯，我以前从未做过这些，我必须建立自己的学习曲线，并寻求其他人的帮助，而你将是我的实验室……"

相信自己，根据自己的需要找到各种帮助，并记住你是最适合帮助客户的人。这样的话，你就可以寻求自己"舒适范围"之外或者你从未参与过的业务或项目。永远不要回绝任何业务，因为你能够帮助客户。如果你有这种心理定势的话，它是否会为你效力？

当然。

小插曲

默克公司 (Merck) 曾经请我围绕标准参考指令 (CRI) 设计训练和培训计划，这项指令在默克公司是必须遵守的。我的买方说："我认为你可以赶上进度，所以请在两周内给我提出方案。如果这是问题的话，请告诉我。"

我不会让它变成一个问题。我打电话给 CRI 大师罗伯特·梅格 (Robert Mager)，他住在亚利桑那州。我问他："培训我大概需要多长时间？"他说："整个过程大概需要 17 天。"我解释道："我没有 17 天的时间。"他提出："你有多长时间呢？"我计算道："我最多只有两天时间。"他回答道："这个周末出来吧。"在这两天的时间里，他教会了我所需的一切知识，以及如何喝一杯完美的曼哈顿鸡尾酒。

任何凭证都是无效的，成功业绩才是真理

我曾经隶属于几家组织，这些组织中 1/3 的成员都有"MA"（"文学硕士"）头衔。

随后我了解到，这个缩写代表的是"文学硕士 (Master of arts)"，而我不认为这个学位有任何作用。我曾见过 MBA(工商管理硕士)，甚至是 MSW(社会工作硕士)，但这是通过增加头衔来增加可信度的典型做法。

我可以在我的名字后面加上 17 个头衔：博士、注册管理咨询师 (CMC)、管理咨询师协会成员 (FIMC)、注册演讲师 (CSP)、专业演讲优秀奖获得者协会成员 (CPAE) 等，可能我还忘记了一些。同时，我的名片上只写着"艾伦·韦斯"，并使用博士头衔来预约晚餐和预约看医生。

今天的教练可以获得若干头衔，代表着各种证明、成员资格和关系等。有些人将告诉你，"获得凭证"将证明未来的可信度。问题在于，单凭经验来看它们都是错误的。目前，很多此类称谓让人觉得有些离奇，以至于所有人都表示怀疑。

基本上，如果买方不认可这些证书的话，那将是毫无价值的。在过去的30年里，没有人问过我关于"正式"证书的问题，只是时任默克公司总裁的罗伊曾问过我毕业于哪所学校。

真正起作用的是业绩，而且准备过程要比你想象的简单很多。在这个阶段，你正朝着职业生涯的更高端发展，你应该已经建立起自己的品牌。最后的品牌是你的名字，你可以建立起任何数量的品牌。

从图9-2中可以看出，如果市场需求、你的能力和热情有力地结合起来，你的品牌是"有魔力的"。如果你拥有热情和市场需求，却缺乏能力的话，你将失去竞争力；如果你有热情和能力，却没有市场需求的话，你的话是没有人愿意听的；如果你有市场需求和能力，却缺乏热情的话，你将过着朝九晚五的生活！

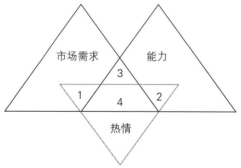

1. 品牌是一个熟知的概念，但是其内涵却是无法阐述的
2. 品牌非常适合你，但市场是不易接受的
3. 品牌具有潜在的高效性，但没有得到支撑
4. 品牌是"有魔力的"

图9-2 市场效率因素

> 不要停滞不前，总是依赖以往的成功或过去的业务来源。不断做出业绩和建立品牌，以便经常吸引新的客户。

如图 9-3 所示，利用图 9-2 中的三个因素，品牌可以解决市场引力问题。无论你经验丰富还是初涉职场，都应该评估自己品牌的力量。但是，在发展成为超级教练的过程中，它们都是非常重要的。

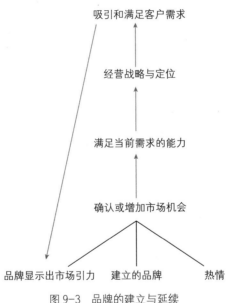

图 9-3 品牌的建立与延续

你可以通过以下方式建立自己的业绩，并证明其力量。

① **收集推荐信**。要求所有客户提供推荐信。在教练过程中，客户有机会提出异议，尤其是当买方并不是客户本人时，买方可能为你提供纸质版推荐信或视频推荐信。

② **使用客户名单**。除非客户方明确禁止，你可以把企业列入客户名单。长期积累的客户名单可以给人留下深刻印象。

③ **在该行业中赢得声誉**。本章后面讨论知识产权和商标时

将深入讲述这一点。在行业、事件、出版物和采访中要
积累声誉。不要收集各种头衔，应该提供创新事物。

4 根据经验创建模式和方法。 在自己的职业生涯中，你应
该很少对此感到震惊，实际上你应该参与过当前所面临
的一切问题。(我曾经声明，在所有的组织发展工作中只
有 11 个问题。)

在你的网站、博客、内部通讯、演讲和对话中，不要关注你
的证书，请关注你改进自己的过程，关注你的团队和客户组织。
建立和利用自己的品牌，确保你的名字附属在你的工作上。

随着你逐渐投入教练工作，你的心态必须是：你的价值是你
可以帮助改进其他人，而且你有责任促使其他人认可你的价值。
这些价值应该随着你经历的增加和声誉的提高而改进。记住加速
曲线：要推动客户向前，突破自我的权限。我们首先看一下这种
组合。

转向咨询、演讲、出版和其他领域

开启加速曲线并帮助你持续位于右侧的一项技术是增加你的
教练选项。我们不是名片上的标签。我们可以提供帮助、知识资
本和价值，我们为人们获得这些价值的渠道越多，就能为更多的
人提供更多的利益。

这是我前面提到过的心态：我们的目标是帮助其他人，因此
我们有义务做到以下几点。

▶ 让他们知道我们可以提供帮助 (自我宣传)。

▶ 创造吸引力 (营销引力)。

▶ 证明价值 (关注目标)。

▶ 营造亲密的、可以盈利的关系 (加速曲线)。

▶ 赢得称赞 (有见解的领导者和品牌)。

▶ 发展自己的吸引力（增加提供物的多样性）。

尽管你不需要严格遵循这个顺序，但这是一个非常理性的进展过程。你吸引到人们的注意力，并把他们吸引到你身边，建立长期的关系，变成适合情境的领导者，并不断扩大和发展这种情境。

很多人好像直接跳至第6点，或者忘记参与第3点，等等。在本书的这部分，以及在你的职业发展过程中，你将真正为第6点做好准备。

演讲[①]

我以前主张，演讲有助于营销，这是市场引力原理的重要一点。但是，我现在讨论的是，如何进行专业的演讲。作为一名教练，你已经充分学会了：

▶ 冲突解决方案；

▶ 谈判；

▶ 解决问题和制订决策；

▶ 领导风格；

▶ 组织动态；

▶ 处理推广事宜；

▶ 提供反馈。

这个目录仍在继续增加。这是很多贸易协会和私营组织会议的最佳演讲题目。

如果你擅长在多人面前演讲，或者在营销时掌握了这些技能，你应该以贸易协会为起点，此类协会经常在演讲者面前安排很多买方和推荐者。一个重要的来源是美国国家贸易与职业协会，这些信息可以是纸质版的，也可以是网络版的，可以为1万多家组织提供协会的名字及其领导者、预算、成员、会议日期以及其他信息。（在本书中，如果你使用我的名字，你将得到20%的

---

① 关于这方面的描述，请查阅我的著作《咨询顾问的商业思维》《演讲家的商业思维》，以及本书的附录部分。

折扣——我与出版商没有任何财务关系，那只是我为你提供的一个福利。)

咨询

实际上，你在教练他人时也是在做咨询工作。咨询师是指那些可以改进客户情境的人。他们通过技能、经验和知识实现这一点，而且可以纠正或改进客户的组织绩效和个人表现。可以采用的形式包括审计、训练、评论、重新设计、战略导向、策略指导等。很明显，教练是一个子集。大多数咨询师已经开展某种形式的教练工作，因为不开展教练的话，你是无法帮助客户提升或改进客户的管理模式的。

为了提高自己的咨询能力，你仅仅需要将食物链向前移动几步。你可以在以下方面向管理层提出建议：

- ▶ 人际关系；
- ▶ 动机；
- ▶ 评价；
- ▶ 沟通；
- ▶ 士气；
- ▶ 环境；
- ▶ 有效聆听。

利用自己掌握的知识和技能，并将它们应用于系统、过程、环境和较大的团体中。把你的教练融合到咨询工作中。

咨询将打开加速曲线的右侧，进一步提高费用标准，而且是从教练活动开始的自然改进。不要允许其他人的分界线限定你的职业发展。这种形式应该禁止。我从 1985 年开始从事咨询和教练工作。

> 不要让标签阻碍你的职业发展。利用成果和结果定义自己，而不是利用你的任务和头衔。

出版

你应该开始考虑商业出版，这将大幅度传播你的讯息，并将有助于提高你的收入水平。不过，这与你的书籍销售量无关，其涉及如何帮助他们进入加速曲线的右侧。我的销售量最低的一本书是关于战略的，当时只卖出 40 本。但是，此书给我带来了很多关于战略的工作机会，我从中赚取了 250 万美元。

如果你回顾一下前面章节中有见解的领导者，将发现我们都是作者，而且有些人曾出版过很多书。我的书曾被翻译成 9 种语言，而我曾到过 59 个国家。这些事件之间是相互依赖的。

下面是关于作者身份的指南。

I. 为什么要写书？

    A. 这是排名第二的可信度来源 (如果是商业出版的话)。[①]

    B. 有助于建立较高效率的品牌。

    C. 可以为此后的出版打好基础。

    D. 促使你连接和配置你的方法。

    E. 消极收入的主要来源。

    F. 帮助你提高自我意识，并提供成就感。

    G. 帮助你不断学习 (理解你所不知道的)。

II. 如何撰写一本书？

    A. 首先要有话可说。

    B. 考虑读者和受众，而不是你自己。

    C. 不要只是抱怨，要提供解决办法和希望。

    D. 关注实用的东西，而不是难以理解的东西。

    E. 使用容易记忆的语言、句子和隐喻。

    F. 不要试图复制他人的成功。

    G. 要包含原理、结构和计划：

        ▶ 创建工作表时间；

[①] 最好的可信度来源是同事之间的推荐。

    ▶ 使用框架 (第 X 章、第 Y 页以及每天写作 Z 次);

    ▶ 使用其他方法 (采访、案例研究等)。

  H. 不要撰写你知道的东西,要撰写读者需要知道的东西。

  I. 谨慎地借鉴,但不要借鉴过多。

  J. 采用口语化的文字形式。

III. 如何出版一本书?

  A. 提出处理方案。其中应该包括:

    ▶ 主题 (题目和目标);

    ▶ 目录;

    ▶ 某章的全部内容 (任何一章,至少 20 页);

    ▶ 主要内容 (用两段文字呈现);

    ▶ 关于你自己证书的半页文字;

    ▶ 关于竞争性营销分析的几页文字;

    ▶ 关于第一类、第二类和第三类客户的描述;

    ▶ 关于你所提供的特定营销资产的描述;

    ▶ 此书的独特之处 (例如采访、自测等);

    ▶ 预测的篇幅和交付时间。

  B. 选择代理或出版商。

  C. 起草一封信,并提交处理方案。

    ▶ 应该多次提交。

    ▶ 如果你没有代理的话,请找一名优秀的律师。

  E. 明白你将不得不进行推广。

  F. 注意其他人提出的建议。

    ▶ 一本书是偶然,两本书是碰巧,而三本书就成了模式。

    ▶ 记住这名滑雪教练!

在你的多样化过程中,你可能希望考虑其他一些因素:产品 (音频、视频、文本或综合利用)、电话会议、研讨会、培训其他教练、出版书刊、核对清单、手册、业务手册等。

在你开始准备上述"产品"时,应该考虑保护它们。

创立独特的知识产权和商标

在获得一定的地位和声誉之后，你需要考虑知识产权问题。你必须保护自己的资产。很多教练忽视或不知道下面这些规则，但是，在你职业生涯的这个阶段，对于劳动强度和创造消极收入来说，你的知识产权将变得非常重要。

不要忘记，财富是可以自由支配的时间。

1. 版权

如果你以书面形式进行表达，只要这是你的原创资料，将自动获得版权。你可以把传统的©符号或"版权归汤姆史密斯所有"，并将"2011年，版权所有"包含其中。(很多商标和专利代理人，建议使用"©汤姆史密斯，2011，版权所有"，绝不要同时使用©和版权。)[①]

你可以将自己的资料上报给国家版权局，但是你根本不需要；不要顾及所提供资料的数量，这样做将非常浪费时间，其唯一的好处是：在版权争议中，你可以提出起诉，防止其他人以不合法的方式使用你的版权材料。不过，你不能收集惩罚性的损失，除非你曾经在政府注册。在过去30年内，我从没有这样做过。

注意，在大多数情况下，你不能申请版权、保护书名或只是口头传达的演讲。

在征得同意之前，你不能使用其他人申报版权的材料，除非引用或点评，而且你必须标明作者出处。事实上，我曾经不得不应对那些抄袭我材料的人，然后"以独特的方式加以编撰"，进而形成新的作品。我们禁止这样做。

---

① 很明显，请咨询你自己的律师；尽管我曾在电视中扮演律师的角色，但这并不意味着我可以提出权威的法律建议。

2. 商标、服务标记和注册

根据使用的特点，例如成语、研讨会、描述性的词语、模型、图示等，你可以为自己的所有物注册商标 (TM) 或服务标记 (SM)。如果它们最终没有受到任何质疑，它们将接受注册 (©)，这将是最高的保护形式。你可以向专利与商标委员会提出申报。

实际上，你正在努力要求"优先使用"，以及来自特定领域的产权。例如，我和合作伙伴帕特里夏·弗里普 (Patricia Fripp) 曾创建了 The Odd Couple 有限责任公司，我们以此组织研讨会和专业演讲人协会。尽管可以优先使用这个短语，将其作为戏剧事件，例如戏剧和电影等，但是类别是完全不同的，我们主要是为了举办发展型研讨会和研究会。因此，我们不仅能够使用它，还可以保护它，而且我们已经允许其他两家企业使用这个名字，因为它已经成为我们创立的品牌。

有些"权威人士"建议你使用互联网进行商标搜索，并自己收集恰当的报告，费用大概是 250 万美元。我建议你绝不要这么做，因为你的知识产权对你成为自己的律师来说非常重要。(你会不会建议其他人成为自己的教练？) 聘用一名称职的商标代理人，费用大概是 600 至 800 美元不等。这种搜索的综合化程度更高，而专家知道应该采取哪些后续行动。这样的话，你将节省价值 1 万美元的时间，而且获得成功的机会更大。

商标注册通常需要花费 6 至 9 个月的时间，如果其他人申请优先使用或商标局认为你的要求过于模糊或与他人的要求过于相似，该过程将变得更加复杂。

不过，你在申报之后可以立即开始使用 TM 标志。

3. 持续使用和额外保护

如果某种使用在多年以后终止了，其他人可能会参与进来申请其所有权。版权和商标保护不会永久有效，其应该不断进行更新，你有更多的理由需要一个称职的代理人。

> 价值百万的教练是以多种方式传递自己的价值，而不仅仅是一对一的教练，这样做的关键是建立和保护自己的知识资本。你可以将这些资本转化为适于销售的知识产权。随着你的职业逐步走向成熟，这种做法将变得越来越重要。

不过，你可以在避免变成偏执狂的前提下保护自己。

1. 使用 Google 等搜索工具，这些工具都是免费的。你可以发明自己的术语和常用语，互联网可以统计出它们的引用和使用情况。这样的话，我可以很容易地找到我的名字，例如价值百万的咨询、基于价值的收费方式等。这告诉我哪些人在帮助我，而哪些人可能会敲诈你。(此外，如果你放入它们已经注册的常用语和名字，就会了解到自己面临的竞争情况。)

2. Copyscape (http://www.copyscape.com) 等网站可以帮助你插入统一资源定址器，例如你的某个网页或在线文章等，并发现它们还出现在哪些网站。我发现曾有一名女性在我的网站上引用了整整 5 页内容，并将其作为自己的成果使用。此外，我还发现一名男性曾复制我的网站和产权。我们可以合法地阻止这种行为，而我的律师说这是他所见过的最恶劣、最愚蠢的剽窃案例。

3. 当你演讲时，使用附有关键点、模型及恰当的商标，服务标记和版权的印刷品。(如果你在演讲时撒谎，而这些话没有被记录下来的话，它们将不会受到任何保护，而在演讲行业中存在大量类似的剽窃行为。)

4. 尽可能地使用自己的名字，这将帮助你建立自己的品牌。不要说"提高影响力的十个窍门"，而要说"维妮·波得的提高影响力的 10 个窍门"。

5. 每页都要标明版权通知，因为它们经常会被分开，或者会被单独复印。

任何事情都不能替代有活力的、互相影响的和技能较高的个人。不过，你经常希望自己的知识产权可以销售这种潜力，或者帮助你获得额外收入。我们不能认为人们将永远尊重你的产权和资源。通过网络，有意地和无意地剽窃已经变得越来越严重。

你不能阻止这种事情的发生，但是你可以揭露它们。如果你的房子里有警铃或者看家狗的话，你将大大降低他人非法进入的可能性。

教练其他教练：授权

本章的结论是，通过审核如何才能成为教练的教练，你可以发展成卓越的教练。这不是获得证书之后的任意培训期，而是一种经验上的机遇，可以充分利用你的经验、技能、知识产权和激情等。

这是加速曲线中的"地窖"项目。

此外，这是在帮助你建立品牌的同时提高消极收入的重要渠道。这个职业中只有两种业务模式，而这两种模式都能获得成功。

1. 成立一家公司

在这种模式中，你成立了一家公司，其中包括员工、资产、基础设施、商誉等。随着你的发展，你会再次投资于该企业，这样的话你将局限于自己每年多得到的。你为自己和下属制订的福利计划必须适用于所有员工及其下属。这样做的意图是，在某些合理的时间框架 (10～20 年) 内，你将以上千万美元的价格销售该企业，然后开始从事其他行业或者开始休息。很多人的确是这样做的。

涉及的问题包括：

▶ 用于创造个人财富的有限能力；

▶ 管理员工的配置；

> ▶ 更多威胁（盗用客户或侵犯知识产权）；
> ▶ 企业永远不会赢得足够高的评价；
> ▶ 品牌必须是企业的，而不是你个人的，否则的话销售将需要你在新的所有权下持续参与。

2. 建立一种单独的实践

这是我在本书中提出的模型和方式。它要求你"轻松"运营，减少员工数量，利用分包商和下属实现你的基本要求（图片设计、音频视频、网络等），并得到相应的业务支持（分包商、合作商等）。这样做是为了提高你的年度收入和可自由支配的时间，同时获取足够的财富，以便最终得到其他选择或休息。公司名称只是一个法律框架，并没有固有的销售额或股权。

涉及的问题包括：

> ▶ 如果你有较高的关系需求，那将是棘手的事情；
> ▶ 如果你失去资格的话，那将没有备用的替代品；
> ▶ 品牌必须是你的名字，而市场引力是最重要的；
> ▶ 客户将怀疑"独来独往"的运行；
> ▶ 你将依靠"未被监督的"独立一方；
> ▶ 你不能依靠安全网。

实践者（你）的关键是选择一种模式，而不是同时使用所有模式，因为它们会随着职业的成熟而逐渐分离。如果你采用各种模式的话，将遭遇越来越严重的分歧。如果演讲者拥有几名员工的话，这些员工只是负责联络外界，处理行政事务或者办公室事务，这样的演讲者是以时间计算的管理者，或者不得不通过宣称自己拥有员工而满足他们的自尊心。在独立的实践中，我们根本不需要它们。在手机和电子邮件时代，即使拥有无处不在的"虚拟助手"，也是一种时间和金钱的浪费。①

不过，对于独立的实践者来说，其存在一种明显的漏洞或长

---

① 我曾经劝阻人们不要每年通过向助手支付 3 万美元来赚取 15 万美元的利润。

处，无法弥补缺少销售公司的不足。有漏洞的地方有可能存在一个钻石矿。你可以销售自己的知识产权。这也是知识产权对职业生涯如此重要的原因。你可以将其授权给客户或其他教练。

> 你的价值不仅仅体现在你到场（如果我到场的话，你将不会阅读本书）。你可以通过知识产权拓展自己的价值，但是这意味着你不能把价值视同为直接参与。

当你授权给客户时，你为内部客户教练提供了你的教练工具和方式，通常包括：

- ▶ 选择和调查潜在教练；
- ▶ 课堂上的正式培训；
- ▶ 他们观察你时的学徒工作；
- ▶ 你观察他们时的评估工作；
- ▶ 书面材料和工作助手；
- ▶ 在你需要解决棘手问题时出现；
- ▶ 定期的质量检测；
- ▶ 参与同事的大型团体活动。

如果组织中包含大量销售人员、客户电话中心代理、零售代表或支持性员工，那么这种内部教练对客户来说可以节约成本，你也可以从中获利。你的授权费将取决于组织规模和教练的数量，但是它们在第一年可以达到六位数，并在随后几年里收取 2.5 万美元以上的维护费用。

在向其他教练授权时，你可以打造全球化的项目，进而充分利用你的经验和技能（甚至你的品牌）帮助他人在职业生涯中获得晋升，同时更快地找到最适合自己的实践。你考虑一下前面章节中提到的利基领导者，助手们在领导者到场时会聚在一起学习。一旦你在品牌、有见解的领导和知识产权等方面发展到最佳状态，即人们将你看作该职业中的成功化身时，你可以丰富其他专业人员的生活。你的选择可以包括：

- ▶ 掌控教练时间；
- ▶ 制作指南、业务手册和工作手册；
- ▶ 通过手机和电子邮件进行指导；
- ▶ 定期召开会议或座谈会；
- ▶ 召开研讨会或研究会；
- ▶ 达到不同的精通水平和获得支持；
- ▶ 建立同事层次上的互动式团体；
- ▶ 出版时事通讯，召开电话会议，制作视频和开通播客；
- ▶ 创建私人网站和聊天室。

你明白了。我在前面提到的与"教练大学"相关的问题是"谁为这些证明者颁发证书？"在你的职业生涯的这个阶段，你现在知道了答案。

你的确知道。

第 **10** 章

更高的层次

真的吗？这有什么意义？

财富是可以自由支配的时间

我们将在本书最后讨论一下第 9 章谈到的真正目标：为什么要到达这个站点？

首先，我们要明确一点：站点与终点站是两个完全不同的实体。站点是路程中的一个停车站，而终点站是整条线路的终点。我现在讨论的不是终点站，而是在讨论下一个站点，因为你和我都不确定前面会发生什么，或者在终点会发生什么。

其次，这里所谈的主要是心态问题。你的信仰、价值观和感知将影响你的行为，其顺序如下：

信仰：受到自我利益的影响
态度：受到基准和道德观的影响
行为：受到胁迫和规则的影响

在大多数情况下，行为仅仅是通过软硬兼施处理的，不需要研究行为的根源。态度经常受到小范围基准或者组织诉求的影响。

最有效和最坚定的改变行为的方法是诉诸被启发的自我利益。

术语"被启发的"是指未通过非道德的、非法的或损坏他人利益的。

因此，当我提出真正的财富是可以自由支配的时间时，其的确影响了我的态度和行为。我将根据客户需求取消、放弃或重新安排假期。另一方面，我不介意在沙滩上回电话或在旅游点每天检查两次电子邮件。关键是要意识到你不能拥有自己的私人生活和职业生活。你只是拥有自己的生命而已。

因此，选择如何使用自己的生命是最重要的决策，你必须不断对这些决策进行调整。这不是一个深奥的或神秘的事务。你可以赚取更多的钱，但是你不能获得更多的时间。

"没有时间"的理由是毫无根据的。在我们职业和生活的各个阶段，每天都有 24 个小时。因此，现在的问题变成了你打算如何使用这些时间，这意味着你拥有可自由支配的时间越多，你就变得越富有。你可以努力工作创造财富，但是你将失去这些可自由支配的时间。

有些人非常努力地赚钱，导致破坏了自己的财富。

为了相信这个方法，你的信念必须激励你的态度和行为。从战术上说，这意味着你必须适应以下习惯：

▶ 不要受到他人的打扰，这意味着你的手机只是用于时间转换和回复电话，而不是被他人打扰你的可自由支配的时间；

▶ 将恰当的工作转移给客户，包括制订日程、收集信息或组织会议等；

▶ 利用远程设施（如果它们效率较高的话），不要仅仅因为他人要求而亲自出席；

▶ 根据价值收取费用，明白自己的时间对客户来说没有任何价值，但结果对客户是有价值的。

从战略意义上讲，你必须明白你的职业发展应该影响你的业务方式。为了引用马歇尔·戈德史密斯的格言"没有屡试不爽的方法"，图 10-1 给出了解释。

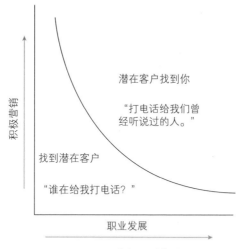

图 10-1　寻找与吸引的对比

　　随着你职业的发展，你应该联络更多的潜在客户，他们应该找到你。这意味着你吸引他们的机制在数量、频率、多样性和效率方面都应该快速发展。你应该在努力吸引他人的同时逐渐走出你的优先舒适区。

　　与此相对应的是，你必须远离成功率较低的劳动密集方法，例如推销电话、直接邮件、网络等。这些必须是由你的信仰体系引起的很明显的变化，而且这是较难处理的。

　　我创办了一家百万年薪俱乐部，每年在不同地点举行会议。所有成员都从事咨询、教练和相关职业服务，每年的收入都在七位数以上。第一次开会时，我们惊奇地发现每个人都从事自己并不热衷的行业，这些行业的盈利情况已大不如前，而且他们带来的业务也不足以把我们带入更高层次的生命目标。

　　这是我前面提到过的一种"成功陷阱"。我们会从事自己已经擅长的事情，对成功人士来说是一种严重失误，我们接下来将重点讨论这个问题。

　　最后，资深教练经常忘记、忽视或表现不佳的关键方面是打造和维护品牌。我在前面曾经提到过，品牌最终是你的名字。暂时性的品牌也很有用，其中很多品牌可以与你的名字协调共存。我仍然被人们称为"与一般人想法相反的投资人(Contrarian)"，这是我曾得到的第一个品牌，而我的博客地址是contrarianconsulting.com。无论你在这个行业中是新手还是资深人士，你都应该继续：

▶ 在放弃不成功的或者过时的品牌的同时，打造、评估和推广新的品牌；

▶ 将你的名字作为品牌进行推广和发展（例如，Jennifer West 的最佳实践）。

图 10-2 列出了观察品牌价值的发展与循环的一种方式。

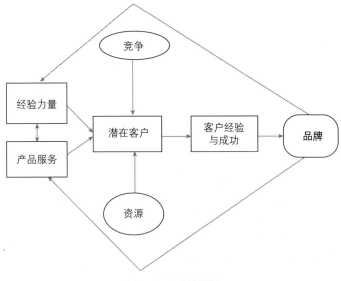

图 10-2　品牌更新

在图 10-2 中，你的优点以及你当前的服务与产品将接受潜在客户的检验，他们将考虑经济性和竞争情况。你利用自己真实成功的磨炼，详细研究最强有力的品牌陈述，进而改进自己的力量、

经验和资源 (资产)，同时提供产品和服务的吸引力 (因为你的品牌将创造出更多价值，你可以影响人们的需求及其对自身需求的反应。)

　　国际水平的教练将不断发展，这种发展同时是有价值的和平衡的。我们首先分析一下相关领域。

改进已经擅长的领域并非明智之举

　　职业服务提供者在获得成功时所面临的主要障碍是缺乏自尊，我们在前面的章节已经讨论过这个问题。缺乏对自我价值的认识将影响你建立自我可信度的能力。

　　这个问题解决之后，要想获得更高水平的成功，最大的困难是"成功陷阱"，即持续改进自己已经擅长的领域。这种困难是实现更高水平成就的最大障碍，其形成原因主要包括以下几点。

1. **安全**。你已经冒着风险获得一定的成功，现在的生活风格使得未来的冒险看起来更具威胁性。当你 20 多岁时，你在个人财务和职业方面冒险，此时你需要一定数量的生活费用，这是一回事；如果你的孩子在私立学校读书，而你希望拥有自己的进口跑车，那将是另外一回事了。我曾看到人们年轻时喜欢冒险，随后却"安顿下来"。随着技术、方法、竞争、社会和经济的发展，你对平稳阶段的满意度会持续上涨。你会选择不再努力发展，因此不会达到更高水平的职业或个人成功。

2. **自尊**。持续的报酬将鼓励你不能放弃自己。有些客户继续以同样的方式聘请你，并对你表示高度赞扬。你的名字将与某些努力或成果联系起来。如果你为了达到更高的水平而必须放弃或替换正在进行的"炫耀"，你的自尊需求将受到威胁。

③ **舒适**。有些教练在教练时一叶障目或一心多用，因为他们已经达到较高水平的成功，不需要非常努力地工作。这类似于我认为在 11 种情况下我将花费 99% 的时间用于组织发展咨询，除非我发现非常无聊或者必须继续发展。如果你认为自己的工作非常舒适，你就会走下坡路，而不是努力向前。

④ **基准**。如果你存在自尊问题，你将受到其他人和职业基准的影响。你通常会追随他人，成为"早期采纳者"的对立者，这样的话你就变成了"群居动物"。你会很快去做一些"多数派"认为正确的事情，而这些人永远不会把你放在"少数派"中。

⑤ **肛门期性格特征**。这是我一直关注的词语，但是没有必要过度渲染。其表示，在投入和任务方面存在固定模式，但在产出和结果方面却没有。因此，教练关注如何用评估工具来调整问题，或者改变访问顺序，或者在记录客户行为方面采用新技术。有些人的发展速度非常快，他们追求快速的、明显的结果，而不是方法论方面的细节。大幅度的发展需要的是望远镜，而不是显微镜。

⑥ **限制**。为了达到更高的职业水平，尤其是在帮助教练等职业方面，你必须准备以不同方式为更多的人提供你的价值。这将需要进行测试和检验，可以利用远程设施、音频和视频、书籍、在线社区、特许知识产权等。你不能把自己拘泥于两天前顺利完成的工作。你必须为两天后的工作做好充分准备。

> 如果你在过去的一年里没有以新的方式提供自己的价值，或者你没有做出新的互动或努力，那么你只是在追随他人，这样的话你将永远不能走在前列！

下面的建议可以帮助你在教练职业中达到更高水平。并不是所有人都能做到这一点，其取决于你的能力和行为准则。有些人通过努力达到了顶点，他们意识到这是一个不断变化的目标，而该目标是由努力的人们设定的。

达到更高教练水平的技术

1. 放弃某些客户

没错，就是这样。在你职业生涯的这个阶段，有些客户聘请你的时间已经非常长了。他们不能像以前那样为你带来利润，你向他们收取的费用远远低于新客户。你一直将他们保留为自己的客户，就好像他们是你的幸运符或出于一种扭曲的忠诚。

我说这是"扭曲的"，是因为你对他们的帮助可能大不如前：这项工作已经变得乏味，环境已经非常熟悉，而此时甚至变成一种互相依赖。

每年或者至少每两年，你应该考虑放弃业务中处于底端15%的客户。通过指出我已经拥有的，你可以很体面地做到这一点：你为他们服务的方式不同于其他人，你不想提高教练费用，此时是解除合约的最佳时期。相关的指标包括：

▶ 业务令人感到无聊；
▶ 你的收入和利润处于停滞状态；
▶ 你没有带来重要资产，其他人也不能带来；
▶ 没有来自客户的推荐。

这听起来可能有些困难，除非你能够放下包袱，否则你无法达到新的高度。此外，你正在为客户提供帮助。

2. 创造新的方法

我们已经了解了智力资本转化为知识产权的巨大影响力。我们曾经质问,"谁为认证者颁发了资格证书?"这些想法的结果是,你已经调整了自己的定位,努力寻求新的方法和策略。

你的一部分时间应该用于开发新的教练方法,这些方法可以帮助你改进市场引力和提高收费标准,同时帮助你发展成为关注目标和有见解的领导者。例如,你能否建立一个客户可以匿名发言的互联网聊天室?你能否制作一份"内部教练手册",用于帮助客户培养自己的教练团队?你能否撰写一篇关于教练和导师之间区别的论文?

在一个人的发展过程中,博学多才、精通该行业以及了解当前的发展势态是非常重要的。但是,在获得更高水平的成功过程中,有些人处在下一个平稳时期,有些人处于发展前沿。你应该利用时间开发、测试、出版和执行新的方法,帮助客户,并推动自身的职业发展。

3. 不要担心成为主流的批评对象

诽谤和建设性合约是完全不同的,而"酸葡萄"和有学问的反对方也是完全不同的。

在任何行业中(教练也不例外),都会出现拙劣的实践和假内行,而劣等想法将受到无经验者的大力推荐。教练是不受管理的。任何人都可以宣称自己是一名教练,这个事实既是一种祝福(准入障碍低),也是一种诅咒(次品过多)。客户不会关注教练资格证书或教练者的头衔。他们寻求建立信任关系,人们可以在毫无实质内容的情况下建立这种关系。

在向上发展的过程中,你只有超越他人,才能达到更高的水平,而且在很多情况下你只能通过批评他们的工具和技术做到这一点。如果你害怕从众人之中脱颖而出,那么你将只能是泛泛之辈。为了达到最高的成功水平,最重要的是你不害怕支持最优秀的人,也不害怕谴责最差劲的人。

很多评估工具仅仅是占星术吗?有些采访技巧是不是错误的或不值得的?有些教练是否承担了无执照的治疗专家的角色?

如果你不敢大胆地说，作为该行业的一名领导者，其他人将会这么做。此外，他们将是那些被看作领导者的人。

我在各个行业中所看到过的所有高绩效者都在努力发展自己，而非仅仅维持现状。这种想法的关键要素是认识到，成功是每次都将超越完美。

每次都是这样。

成功，而不是完美

在教练中存在三种致命的过失。我曾一度相信其中一种过失是投入不足，但我完全错了。想到我在两周前的愚蠢程度，我会感到非常惊讶。

事实上，第一种过失是自尊心较弱。我们之前已经详细讨论过这个问题。

第二种过失是拒绝将这种职业看成是一项事业，而是将其看成是副业，而不是主业。本书所探讨的是，教练是一项事业。

尽管我在前面曾提到过，但在此我想详细讨论第三种过失：生命所追求的是成功，而不是达到完美。这种严重的、有害的失误将渗透到很多职业人员的生命中。

如果你将这三种过失结合起来，将在某些方面永远无法获得成功。无论你有多么成功，都将听到其他人或你自己说：

▶ 这是一个极大的项目，但仍比不上去年你为 Acme 公司所做的；

▶ 人们将被深深打动，尽管琼斯仍然是个传奇人物；

▶ 你曾经为他提供很多帮助，尽管我曾希望我们可以在一周前达成协议；

▶ 她正在吹捧你的作品，尽管她不希望在接受帮助时变得过于热情；

　　▶ 你所做的可能与我自己所做的几乎一样。

　　你明白了。永远存在更高的目标，更远的海滨，更困难的挑战，你将很难达到或克服。

　　这些话没有任何意义。

　　你需要把这些行李从火车上扔下去。不要只是放弃，因为它们将在同一辆火车上以同样的速度前行。

> 　　如果生命是为了达到完美，任何飞机都无法飞行，任何演讲都无法完成，任何生命都将得不到改进。而且，任何人都不能高兴。

　　一名治疗专家是第一个对我使用该短语的人。我在抱怨速度不够快、不够高和不够远之后，他说："艾伦，生命是为了获得成功，而不是为了达到完美。"水汽上升之后，空气变得干净，而我将恢复健康。

　　那么，这些灵感将为你带来什么？一旦你认为成功已经足够，同时认为"完美的十分"既是罕见的，又是主观的，你就可以满足于现有的成功了。从帮助你快速达到更高层次的完美来说，这样做有以下好处。

1. 劳动强度大幅度降低

　　很多额外工作是为了追求完美。这些人坚持使用棉签清理车上的零部件，而不满足于用 1/10 的时间清洗。对完美的追求将督促你超越常规的工作水平，这将严重影响你的可自由支配时间和利润。

2. 快速发展的能力

　　你将有能力快速启动并尽快实现目标，在竞争中取胜并取悦你的客户，如图 10-3 所示。

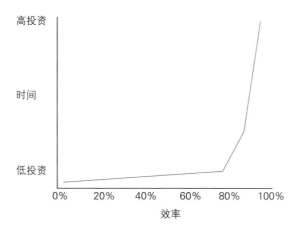

图 10-3　"做好 80% 的准备后出发"的原则

在图 10-3 中，若你做好 80% 的准备就出发，将出现最高水平的时间需求，而效率的回报将逐渐消失。在本书上所花费的另外 20% 将不会引起你的注意；用于演讲的 20% 将浪费在听众身上；用于教练工作的 20% 既不会影响买方，也不会影响客户。

此外，在生命中的绝大多数努力中，我们会不断调整自己。我所从事的任何项目都不会按照最初的设想运行。一切都在发生变化，我们将随之做出调整，即在最后的 20% 准备中进行调解。

3. 降低紧张程度

紧张以及心理和生理疾病的原因包括：

▶　相信人们不知道明天会发生什么事情；

▶　相信人们不能影响明天将发生的事情。

如果你追求完美的话，这些紧张因素将进一步扩大，因为在很多情况下都将无法达到完美状态。因此，你需要变得实际和理性，意识到自己可以对明天的事情进行理性评价，然后决定你可以从自身利益出发进行局部影响。

我在夏威夷的一名客户是一位空军上校，他曾向我解释道，从效率方面考虑的话，将需要 25 架飞机击毁敌军目标；从效果方面考虑的话，需要 50 架飞机，这样才能保证彻底击毁；从完美角度出发的话，所需要的飞机数量是不确定的。(空军上校倾向于这样讲话。) 他一直选择效果最高的数量，因为空军的准则是效果优先，而不是效率，当然也不是完美。

我发现此人几乎没有任何压力！

4. 没有理解完美的含义

你并没有真正理解完美的含义，因为你将不会追求一种幻想。多罗茜·帕克 (Dorothy Parker) 曾经说过，如果你想教一名食人者学会使用叉子，那是真正的进步吗？

什么是完美？你的客户会提高自己与媒体打交道的能力？他们必须达到新闻秘书的水平吗？你的客户会不会被更好地鼓励或激励？他们必须像传奇足球教练克努特·罗克尼 (Knute Rockne) 那样吗？哪里是终点？什么是完美？

在棒球界，有一种知名的现象被称作"完美比赛"，投手不允许任何击球或走动，这种情况有史以来仅仅发生过 40 次。不过，完美比赛不需要跑垒员，因此守场员不能犯任何错误。

不过，投手可以投出任何数量的球。完美比赛是不是应该只有 27 投呢？每一投都投向对面的打击手？或者也许可以有 81 投？这意味着每名打击手可以三振出局？

当然，这在上千万次的比赛中从未发生过。但那是不完美的吗？实际上，我不知道，你也不知道，即使棒球比赛的官员也不知道。

我现在所讨论的是，关于完美的搜索将不能得到任何结果。它不会推动你发展到更高的水平，而且这根本不是重点。重点在于在当前水平上做到最好，持续改进你的技能，同时发展得越来越好。正如你所看到的，这个顺序是没有终点的。

这个旅程是没有目的地的。

世界上不存在完美。

但是，世界上存在成功。一旦你获得成功，你将怎么做？你将留下什么遗产？

我无法告诉你答案。但是，如果你不盲目追求完美的话，你可以做出这些决策。

打造遗产

你在职业中达到一定高度之后，就会出现一个问题：接下来会怎么样？现在，这个问题看起来更为明确。

遗产是解决这个问题的最佳办法。遗产通常被看作一个人被记住的体现，以及一个人留下了什么。但是，我认为遗产是一个连续点，而不是单个的固定点。你每时每刻都在创造自己的遗产。不过，一旦到达"高处"，你就可以更为慎重地思考、理解和管理这个过程。

这也不是一种非常重要的信念或定位。创造遗产并不是为了你自己，这样做的话就过于自私了。与一名成功的、高效的教练相比，谁更能创造和留下永久的关于帮助和支持的标准呢？

你可以通过多种方法留下你的印记，但是我认为应该从现在开始，而不是允许自己的贡献被其他人记住或利用。彼得·德鲁克写过一本小说，但是他的最大贡献是提出了管理实践和战略实践。他留下了很多作品，以此确保我们记住并得到他的帮助，而不仅仅是欣赏他的小说。

图 10-4 展示了另外一位知名管理思想者的成果，即社会心理学家亚伯拉罕·马斯洛的金字塔。

在你职业发展的这个阶段，你处于自我实现的层次。但是，我们很难做到自我实现和利用现有才能。

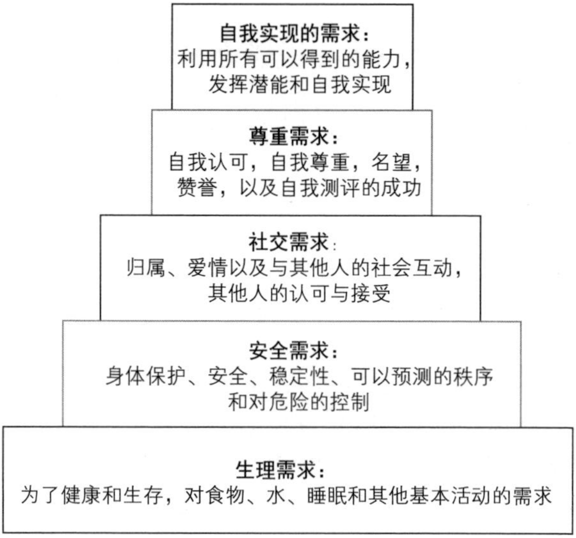

图 10-4　马斯洛的需求层次理论

这是遗产的来源。你创造和传递的知识产权、想法和发展激励越多，就越能实现自我，而外在工具和人为工具是无法做到这一点的。其中是否涉及金钱利益是无关紧要的。遗产并不意味着"自由"，而是意味着"长久的""有用的"和"重要的"。

> 不要低估或忽视自己对他人的影响力。在处理越来越复杂的需求时，全面了解自己的贡献与遗产可以帮助你提高效率。

下面是成功的职业教练可以留下遗产的一些例子。

1. 出版物和音像制品

目前有专为 iPhone、iPad 和其他平台设计的戴尔·卡耐基应用程序。卡耐基出生于 1888 年，于 1955 年去世，当时还没有彩色电视和卫星。我们今天仍然可以获得他所说的话和提出的方法，即使是在最复杂的高科技媒体上。他的理念仍然被数百万人所追捧。

你以书面形式或媒体记录的形式将其永远保存下来。或者更为准确地说，它们有可能永远保存下来。考虑一下多年以前的作品和演讲。没有必要把你的观点与当前发生的事件联结起来。努力找到教练和帮助他人的过程关键点（即在看到证据之前不要相信某人受到伤害），而不是内容（即这是你在无线电天线工业中进行教练的方式）。

你需要对历史纪录做出深入思考。我这样说并不是夸大其词，而你也不应该受到这种现实情况的威胁。当你每天写字和说话时，你都是在留下自己的遗产，并不少于我在本书中留下的。

你希望人们都知道并记住你现在所说的话吗？或者你希望改变它们吗？

2. 参与这个行业

下面是两个独立的引述，我发现把它们放在一起进行比较的话非常有趣：

历史只是伟大人物的个人传记。

——托马斯·卡莱尔 (Thomas Carlyle)

根本没有什么伟大人物，只有普通人受环境所迫必须迎接的重大挑战。

——威廉·F. 哈尔西 (William F. Halsey)

我之所为认为很有意思，是因为这两种说法可能都很正确，几乎没有任何例外。因此，历史是由所有人的传记组成的，而有些人会站出来承担某些挑战，这些挑战是其他人无法或不愿意承担的。

职业不是植物或者动物，后者拥有预设程序的 DNA，可以保证该物种的延续，同时可以确保其发展和规模与该生物相适应。职业是可以替代的，也是变幻无常的。它们的基础结构通常会因为外界因素而发生变化。在 20 世纪 90 年代的经济繁荣时期，建筑师是美国少量年收入不断降低的职业之一。这是因为他们没有根据自己的价值收取费用，而且他们允许总承包商和设计师抢占自己以往的独有领域。

它们既不会大肆宣传自己，也不会过于低调。

对于一个不断发展和延续的职业来说，最成功的人是无法摆脱争斗的，不可能像寺院中的僧侣那样。我们必须参与这种争斗，并阻止那些正在前进的同伴。我们需要对这个职业做出贡献，在我看来，这是我们成功之后的道德责任。(如果你没有把大量的时间投入到这个职业中，将无法创造自己的遗产，这就是为什么可自由支配的时间是一笔财富。其中涉及的不仅仅是捐款。)

我们可以通过以下方式做出贡献 (偿还)：

- ▶ 加入职业协会，参加职业社团的活动；
- ▶ 制定和推广此项职业的最佳实践；
- ▶ 充当典型或者模范；
- ▶ 指导或教练其他人；
- ▶ 接受和发展实习生；
- ▶ 在高等学校传授技艺；
- ▶ 担任此项职业的发言人；
- ▶ 确认并公开谴责不专业的实践；
- ▶ 在博客和时事通讯中公布最新的信息。

你应该把自己定位为公开维护、发展和延续这项职业。当足够多的公众人物参与其中时，这项职业就会不断发展壮大，一切都将正常发展。

我认为可以将这些目标和志向作为本书的结尾。因为这不仅仅是我们在这项职业中能够做的，实际上也是我们真正的职业。

任何人 (包括你、我在内) 都不仅仅是为了尝试一下。

我们的目标是做出成就。

附录

附录 A　我的教练商数 (CQ) 有多高

你在教练方面可能远比自己想象的更加优秀和经验丰富。这个评价没有"正确答案"。请诚实地回答下列问题，确定自己在哪些方面具有优势。

(1) 谁曾经向你寻求过帮助或协助？

_____

_____

_____

_____

(2) 他们为什么选择你？

_____

_____

_____

_____

(3) 曾经探讨过哪些主题或问题？

_____

_____

_____

_____

(4) 为了帮助他们，我曾经做过或建议过什么？

_____

_____

_____

_____

_____

(5) 结果是怎样的？

_____

_____

_____

_____

_____

(6) 我从中学到了什么？

_____

_____

_____

_____

_____

(7) 在今后的教练工作中，我应该怎样利用这些经验？

_____

_____

_____

_____

_____

附录 B 关于各种销售情境的 101 个问题

概述

这些资料是为了提供你在任何销售情境中可以提出的问题，因此：

- ▶ 维持日常对话的和"非销售的"方式；
- ▶ 为了学习，促使其他方一直谈论；
- ▶ 避免被"取消资格"；
- ▶ 找到买方，建立关系，达成交易；
- ▶ 加快整个销售过程。

接下来的内容将帮助你定制这些问题，以适应特定的销售类型或客户。我强烈建议你实现这些一般问题的个性化，它们将支持你的具体实践或业务。

你可能会选择在电话中收听这个指南，或者以此作为印制其他问题的基础。版权是为了保护已出版的作品，同时避免被再次出售或不道德地使用。不过，你应该灵活使用这些问题，演变出你自己的管理和支持性资料。

这些问题存在着有意的重叠现象，实际上，你希望通过尽可能多的方式引出同样的信息。

一些有用的准则

- ▶ 不要质问其他人。一般没有必要向大多数人提出任何类别的问题。

▶ 使用后续问题。这里包含的问题都是"触发器"，它们可能会引起很多需要得到进一步澄清的反应。

▶ 信任对公正来说是很重要的。在已经建立信任的情况下，其他方可能是最诚实的，也是最容易引起反应的（他们相信你肯定会考虑他们的最大利益）。

▶ 不要满足于单个问题，无论答案看起来多么令人满意。有些人试图欺骗你，以此满足其自尊心，而其他人也会不经意地欺骗你，因为他们并不理解这个问题。如果答案是一致的话，我建议你至少使用每个类别中的 3 个问题；如果答案不一致的话，至少使用 6 个问题。

这些问题都是理性的、客观的；更重要的是，它们是基于常识和简单谈话之上的。在你所寻找的答案即将出现之前，尽量不要分散注意力，也不要偏离主题。例如，如果你还没有提出可以满足自己的问题，此时提出关于目标的问题将是非正常的。行为准则是最佳的选择。

具有讽刺意味的是，你在寻找正确答案时花费的时间越多，就越能加快业务的发展。

> 祝生意兴隆和好运！
>
> 艾伦·韦斯博士

I. 取得潜在客户资格

这个过程将确定调查在规模、相关性、严重性和其他相关因素方面是否适合你的业务。换言之，你不希望获得领先地位，这种地位并不能带来合理的或盈利的业务。

问题

(1) 你为什么认为我们非常匹配？

(2) 这个项目有什么资金预算？

(3) 这项需求有多么重要？（分数从 1 到 10）

(4) 你完成此项工作的日程进度是什么？

(5) 谁要求要完成此项工作？

(6) 你愿意从什么时候开始？

(7) 你是否已经做出进步承诺？或者你仍处于分析阶段？

(8) 在选择资源时，你将使用哪些重要的决策标准？

(9) 在此之前你是否尝试过这样做？

(10) 你的组织是否正在寻求关于此项工作的正式计划？

关键点　你希望确定这些潜在工作是否值得你参与，是否与你的技能相关，是否值得做出快速反应。

II. 找到经济买方

经济买方是指可以为你提供的价值开具支票的人。他是唯一一个你应该关注的买方。与大量一般性的建议不同，经济买方绝对不会来自人力资源、培训、会议策划等相关支持性部门。

问题

(11) 谁的预算将支持这项行动？

(12) 谁能快速批准这个项目？

(13) 人们将向谁寻求支持、获得批准和确定有效性？

(14) 谁控制着必需的各种资源？

(15) 谁提出了这些需求？

(16) 谁将为结果承担责任？

(17) 谁将被看成是主要的赞助人或拥护者？

(18) 你是否需要得到其他人的批准？

(19) 谁将接受或拒绝相关提议？

(20) 如果你和我达成协议的话，我能从明天就开始吗？

关键点　组织规模越大，经济买方的数量就越多。他们不一定是首席执行官或所有者，但是他们必须能够批准和提供付款。委员会从来不是经济买方。

▌III. 排除争议

"障碍是你在目标之外所看到的可怕的东西。"哲学家汉纳·阿伦特 (Hannah Arendt) 说。争议是关注的标志，要把它们转化成你的利益。排除这些争议之后，就可以开始双方的合作关系了。

问题（针对经济买方的争议）

(21) 你为什么这样想？（了解真正的原因）

(22) 如果我解决了问题，我们能否继续发展合作关系？（这是不是唯一的争议？）

(23) 但那不正是你需要我的原因吗？（反向思维法）

(24) 哪些将满足你？（要求买方负责解决争议）

(25) 我们怎样做才能解决争议？（表达共同的责任感）

(26) 这是唯一的吗？（之前有没有解决过这个问题？）

(27) 结果如何？（是否确实很严重，或仅仅是烦恼？）

(28) 可能性很低吗？（担心可能性，而不是几乎没有可能）

(29) 我是否应该在计划中涉及这一点？（让我们关注价值）

(30) 为什么会对结果产生重大影响？（投资回报率是主要问题）

关键点　不要总是处于防守状态，努力解决各种争议，否则你终将失败。在制订"解决方案"时考虑买方，表明某些争议与利益相比并不重要（即在任何情况下都会有不满意的员工）。

Ⅳ. 确定目标

目标是代表客户预期情境和改进情境的结果。它们不是投入，例如报告、小组访谈、手册等；它们永远都是输出，例如增加的销售量、降低的磨损、改进的团队工作等。明确的目标可以预防"范围蔓延"，并促进理性的定约或解约，进而提高咨询效率和利润。注意，第四项（目标）、第五项（标准）和第六项（价值）是概念性协议的基础。

问题

(31) 什么是最理想的结果？

(32) 你希望得到什么结果？

(33) 你想得到哪些改进后的产品、服务和客户情境？

(34) 你为什么希望这样做？

(35) 这项工作将带来怎样不同的运作？

(36) 投资（销售、资产、权益等）回报率是多少？

(37) 你将怎样改进自己的形象、声誉和可信度？

(38) 可以减轻哪些伤害（例如压力、运行障碍、地盘争夺战等）？

(39) 你将在竞争中得到什么？

(40) 你的价值观将得到怎样的改进？

关键点　大多数买方知道自己想买什么，却不一定知道自己需要什么。通过推动买方达到最终结果，你将帮助表达和确定客户所期望的利益，进而提高你在这个过程中的自我价值。如果缺少明确的目标，你将无法得到一个合理的项目。

Ⅴ. 设定标准

标准是朝着目标发展的进程尺度，这些目标可以帮助你和客户确定成功的概率和总数。它们为你和你的努力分配信用，在项

目结束 (实现目标) 时非常重要，而此时可以解除合约。

　　 问题

　　(41) 你如何知道我们已经实现你的目标？

　　(42) 我们实现目标后，行动将发生怎样的变化？

　　(43) 你将怎样评估这种变化？

　　(44) 你将使用哪些指标评估我们的进程？

　　(45) 谁将汇报我们的结果？

　　(46) 你是否拥有可以使用的测评标准？

　　(47) 你在追求怎样的销售或投资回报率？

　　(48) 我们如何知道公众、员工或客户的看法？

　　(49) 我们每次讨论时，哪些标准可以表明我们正在进步？

　　(50) 如果你出错的话，怎样才能知道？

　　 关键点 　只要你和客户在测评人员和测评方式上达成一致，标准就可能带有主观性。例如，买方认为自己的责任并不是解决"地盘"之争，他并没有因为同事的直接报告而受到谴责，这种言论是改进团队目标的可靠标准。

VI. 评估价值

　　为客户组织确定项目的价值是概念性协议最重要的方面。这是因为，当买方规定了有效值之后，收费标准将以恰当的方式设定，因此很少会成为争论的问题。与买方的对话应该关注价值，而不是关注费用或价格。

　　 问题

　　(51) 对于你的组织来说，这些结果意味着什么？

　　(52) 你将如何评估真实的回报率 (例如投资回报率、资产回报率、销售收益率、权益收益率等)？

　　(53) 改进范围有多大？

(54) 这些结果将怎样影响收益？

(55) 年度存款有多少 (第一年可能是负数)？

(56) 无形影响 (例如对声誉、安全或舒适度的影响) 是什么？

(57) 你将如何改进自己或得到更好的支持？

(58) 影响 (对客户、员工和卖方的影响) 范围有多大？

(59) 与你的总体责任相比，这又有多重要？

(60) 如果失败的话，情况会怎样？

关键点　主观价值 (减轻压力) 与更有形的结果 (更高的销售额) 是同样重要的。不要满足于"不要担心，它很重要"。确定其重要程度，因为其将规定可接受的费用范围。

Ⅶ. 确定预算范围

在不知道潜在客户的投资计划之前，我们会做很多猜想。在很多情况下，预算都是固定的，而且是完全不恰当的；而在其他情况下，它代表着对投资收益率的进一步了解 (假设你在与一位经济买方商谈)。

问题

(61) 你是否已经为这个项目设定了预算或投资范围？

(62) 是否已经分配资金？或者必须申请资金？

(63) 你对所需要的投资有什么预期？

(64) 我们不要浪费时间，要确定是否存在预算额度？

(65) 你以前是否这样做过？在什么投资水平上？

(66) 在这个财务年度，你能够批准什么？

(67) 我能否假定一个强有力的提议可以证明合理的支出？

(68) 为了实现这些结果，你准备投资多少？

(69) 为了得到较高的回报率，你是否会加大投资额度？

(70) 坦白地说，你打算支付多少？

关键点 如果你拥有很强的价值观，可以适当超出预算期望。但是，如果潜在客户对投资需求的预期被严重误导，或者只是预算不足的话，不要继续执行计划。

VIII. 预防意料之外的障碍

喜剧演员吉尔达·拉德纳 (Gilda Radner) 过去经常说："这是一种安慰。"不可避免的是，最平坦的草原将受到障碍、事件和意外的不利影响。但幸运的是，有些问题可以提供预防性的措施，避免这种意外事故的发生。

问题

(71) 有没有我们尚未讨论但可能构成障碍的事件？

(72) 过去曾发生过哪些影响过潜在项目的事件？

(73) 关于环境，我还有什么问题没有问过你？

(74) 你怎样评估这种可能性是向前发展的？

(75) 你是否会对我所说的或我们已经达成的协议感到惊讶？

(76) 在这一点上，你是否会继续做出这样的决策？

(77) 你还希望从我这里得到哪些信息？

(78) 组织在不久的未来会发生什么变化？

(79) 你是否在等待其他行动或决策的结果？

(80) 如果我明天提交计划的话，你需要多长时间才能做出决定？

关键点 确保你的项目并不是取决于其他正在发生的事件。如果买方坚持选择你的话，这些问题可能会提高其掩饰自己的难度。确保你建议的利益超过任何外在因素的效果。

IX. 提高销售规模

概念性协议达成之后，需要充分利用双方的共同点，并努力建立可能性最高的关系。大多数咨询师不会获得较大的合同，因为他们不追求这些。你不可能通过努力增加业务而失去什么。

问题

(81) 你愿意接受我提供的各种选择吗？

(82) 这是不是唯一可以应用的地方？

(83) 通过执行和监管进行拓展是不是明智的？

(84) 我们是否应该教练该项目的主要工作人员？

(85) 如果以其他企业作为标杆，你能否从中受益？

(86) 你是否愿意接受聘用定金这种形式？

(87) 在你的职位上还有其他人有同样的需求吗？

(88) 你的下属是否具有支持你的能力？

(89) 我们能否使用焦点小组或其他样本来测试员工的反应？

(90) 你是否希望我在不同阶段测试客户的反应？

关键点　如果你不要求的话，就不会得到。不要为了证明你的收费标准而将一切写进计划中。相反，对你能提供的服务进行"分别计价"，并增加各种各样的项目，进而收取更多的费用。

IX. 达成协议

你正处在最后阶段，但是并没有穿过终点线。有些赛跑者在接近终点时会放慢速度，他们会输给冲刺力更强的选手。通过督促双方之间的对话快速达成协议，你们将以最快的速度跑过终点。

问题

(91) 如果计划书反映了我们最后的讨论内容，我们什么时候能开始？

（92）我们应该立即开始？还是等到下个月 1 日开始？

（93）在此时是否存在阻碍我们合作的因素？

（94）你看到计划书之后，准备什么时候开始？

（95）如果你明天拿到计划书的话，我能否在周五早上 10 点打电话询问审批情况？

（96）当我在这里的时候，是否应该在今天开始某些准备工作？

（97）你是否愿意在握手后开始此项计划？

（98）你倾向于使用公司支票还是电子汇款方式？

（99）我能否在下周花费两天时间开始我的采访？

（100）我们可以开始执行计划了吗？

关键点 当处于卖方前面或者他对这个项目充满信心时，你就能顺利开展工作。即使没有计划书，若能尽快开始的话，则加强概念性协议，并大幅度降低除自身原因以外出局的可能性。

XI. 最重要的问题

上面 100 个问题都是基于对一个问题的反应，而我们经常忘记提出这个问题。与前面大多数问题不同，这是一个简单的二元问题，可以明确地回答"是"或者"不"。

问题

（101）你自己是否相信？

关键点 第一笔销售通常是卖给自己的。

附录 C 教练访谈

我曾经要求一些优秀的教练分享他们对各种挑战和职业要求的看法。我想你肯定会觉得他们的建议、经验和见识是非常有用的。优秀的职业人将对该职业做出回报。令我感到荣幸的是，这些教练是为了我们才做出这些贡献的。

采访 1

苏珊·贝茨 (Suzanne Bates)

Bates Communications 公司主席兼 CEO

美国马萨诸塞州威尔斯利市

在教练业务主管和高级管理人员时，最困难的因素是什么？

教练高级人员时，最困难的因素是如何履行承诺。教练关系的开始非常像约会，刚开始时客户会爱上你，或者至少有聘请教练的意愿。他们忍不住要见到你，专门留出时间，并希望与你讨论各种事情。他们非常关注有助于其职业发展的人。

随着时间的推移，有些客户会变成有害的"爱人"。他们不再给你打电话，取消了所有的约会，并因其他"情人"（他们的工作或企业）而心烦意乱。他们意识到，教练需要坚定的承诺。他们可能会抱怨不得不在自己的工作和教练中做出选择，确保你的教练会议能够与其需求相匹配。你必须关注他们的业务优先权。责骂或哄骗他们是没用的，而提醒他们注意为什么聘请你也是没用的。你不能强迫主厨在厨房失火时学做一道新菜。

一定要熟知客户的工作日程，在每次会议之前认真核查。确定他们正在考虑的事情，了解他们接下来的几周将做什么。即使你已经计划向董事会提交报告，如果客户面临着员工危机或供应链故障，首先必须解决这些问题。提前在如何度过共同时间方面达成一致。危机是一种机遇，而不是一种障碍。把自己融入客户的世界中，并将业务优先权与职业发展联系起来。不断做出调整，保持最大程度的相关性。

客户在考虑自身利益的情况下做出最初的教练承诺。如果这种承诺处于其利益范围之内，他们就会长期保持。当然，作为一名教练，你需要与其建立相互信任的关系，被看成是与他们具有同等知识的人，同时在利用所有技能和工具方面保持创新性。此外，你可以得到并保持"快赢"的承诺。从上司那里得到很好的反馈，组织团队开展合作，这些都是你需要讨论和定期评估的重大事件。

有时候，这种承诺从来没有真正履行过。如果签署协议与首次教练之间的时间过长、客户压力过大或者商务问题变化过快，客户可能会质疑其最初的教练承诺。要立刻开始教练工作，并时刻关注正在发生的事件；使最初的承诺变得容易，然后依靠各种较小的成功。永远不要强行与不情愿的客户建立教练关系，如果你发现自己处于这种情境，全方位反馈访问和报告等工具可以作为催化剂，他人对你的看法将对你起到激励作用。最后，如果你能解决这些障碍，并在几个月内维持承诺的话，你将建立自己作为教练的声誉。

解除合约和终止教练关系的最佳办法是什么？

终止教练关系的秘诀是从一开始就策划如何结束。你在开始教练工作时绝不能认为它将永无止境，尽管一项重大的教练工作可能会建立终身关系。在刚开始时，你必须确定目标和日程表，以此产生紧迫感和动力。否则的话，教练工作会拖延下去，变成新的、无法预测的工作，进而会失去关注点。

如果在开始教练合约时不考虑终止目标和日期的话，将存在三种危险。第一，没有紧迫感。这样的话，教练有责任打造动力和创造奇迹。第二种危险是快速解除合约。如果客户看不到终点的话，他们将不愿意坚持下去。这种情况经常会导致恶意中断，造成的伤害不亚于失去初恋情人。第三种危险是你的声誉将受到损害。如果你不知道自己的目标，就不会得到预期结果，并最终无法获得自己所需要的推荐人，即使你希望长期从事教练工作。

若想顺利结束，则需要进行前期的投资。很多客户跳过这个步骤，因为他们的需求非常紧迫。在开始时你需要在目标、进度、结果和成功标准方面达成一致。这将是你的线路图，当新的挑战对履行合约造成威胁时，它将指导你和你的客户走上正轨。你在半年或一年之后可以更新这种合约。如果教练项目获得成功的话，客户将明确表明价值，重新设定目标，并在中断处重新开始。对于客户满意度和你的职业声誉来说，这是非常重要的。

如果客户希望合约到期之前就提前终止，通常是因为他看不到结果或者该结果并不符合他的最大利益。我们强烈建议客户拥有值得信任的顾问、上司或导师，这些人应该致力于提交准确的报告，并定期提醒客户注意自己的目标。如果他们咨询自己的顾问，顾问经常会被重新委托。如果你正在教练 CEO 的话，可能很难说服他们聘用值得信任的顾问。很多高层经理人员都是孤立的。不过，如果他们能聘用越多的人支持自己的教练工作，他们就越有可能保持聘用关系并实现最终目标。其他人可以帮助他们看到自己的问题。

为了避免突然终止合约，我们的企业会提供教练保险项目，这将限制教练在今后半年或一年之内的准入。你可以设定目标或完成已经设定的目标。即使教练合约到期，这种关系也不会终止。我们在合约到期之后会对客户或客户组织进行投资回报率采访，通过打电话了解他们对已获得价值的看法。他们很可能会再次聘请你参与其他项目或把你推荐给自己的朋友和同事。

如果你想终止合作关系的话，情况会怎样？这样做是有很多理由的，尽管这些情境不会经常出现（如果你遵循流程要求的话）。

如果客户存在不道德行为、拒绝付款或者拒绝履行其他合约责任，例如毫无理由地不参加会议等，你应该解雇他。如果教练存在不道德行为、造成误解、讨论不恰当的信息、影响客户在公司中的地位或者拒绝履行合约责任的话，客户有权终止教练项目。

无论教练关系在什么时候结束，都是应该庆祝的。一定要承认工作的价值，指出取得的成绩，对客户的承诺表示感谢，同时鼓励客户继续努力。有始有终对建立你的实践和感知工作满意度是同样重要的。

采访 2

爱德华·T. 霍尔 (Edward T. Hall)

LawBiz Management 公司

加利福尼亚州威尼斯市

为什么有些人是不可教练的？

有些人每天忙着对付那些困扰他们的鳄鱼和蟒蛇。

尽管他们需要一名同伴或教练帮助他们设定优先顺序，但是往往由于过于关注，致使他们一叶障目不见森林。即使他们愿意与教练谈话、同意他们的优选顺序并设定完成进度，第二天还是会变得非常冲动，致使他们重新回到以往的行为模式中。

这些人最终将得到教练的帮助。不过，当你遇到自称无所不知的人时，情况会变得非常糟糕。我曾经教练过大量的律师，其实他们确实非常博学。但是，他们在这种情况下错失了教练的真正益处，因为他们过于关注自己的理念和观点。对于律师来说，真正的益处是建立起与同伴的联系，共同确定接下来为了职业发展应该做什么，然后承担完成下一步的责任。自称无所不知的人不会执行这个过程，只会脱离他们曾参与设计的脚本……因为他们"无所不知"，会很快做出自己的决策，根本不考虑曾经赞同过的教练过程。

第三个问题可能来自任何教练客户，它主要关注自然的人类倾向，即怀疑做事情的智慧，而此人在此之前从未做过此类事情。这些人都是不可教练的，但是他们不断提出同样的问题。精明的教练可以通过准备好答案来推动关系的发展。

▶ 客户：如果我需要教练的话，这意味着我自身存在着不足。

　　教练：实际上，聘请教练意味着你希望获得成功，因为你的发展速度将大幅度提高，远远快于依靠自己的努力。

▶ 客户：我不能付出教练所要求的时间。

　　教练：实际上，没有付出就没有成功。为了做出改进，必须投入时间。

▶ 客户：我受到了教练的威胁。

　　教练：实际上，优秀的教练既不是伙伴，也不是作恶者。教练提供的指导可以督促和激励你做得更好。

▶ 客户：不要告诉我应该做什么。

　　教练：那你为什么要聘请我呢？忘掉它！为了实现你的目标，我们将选择同样的路。在教练的帮助下，你将更快地到达终点。

在教练工作中使用技术将发挥什么作用，或者具有怎样的优势？

技术可以像智能电话一样简单，也可以像网络会议连接一样复杂。例如，智能电话使得正在接受教练的人可以在未预约的时间接受教练服务，也可以帮助教练在办公室以外的其他地方找到客户。教练和客户都能享受到这种位置和联络方面的便利。从客户方面来说，如果不能找到教练的话，他就会下意识地质疑教练的价值。通常来说，这种情况鲜有发生。需要制定对客户作出回应的时间表，更重要的是必须遵守这个时间表。不过，如果发生这种情况，即使不能立刻找到教练，客户也会知道自己将很快得到答复，绝不会是明天或者下周。很明显，我们应该做出调整，但是应该提前与客户进行讨论，例如教练因假期或其他原因而无法联络。即使在这种情况下，技术仍然可以减少或清除沟通障碍。

如果视觉工具可以帮助解决这些问题，互联网可以提供强有力的工具，这些工具在当今技术及其可视化能力出现之前是不存在的。有些人在视觉工具方面需要不断学习，电脑制作的图画或流程图是成功教练的重要工具。

另外一个典型的例子是通过技术解决问题。一名律师曾告诉我，他感到压力非常大，因为他的业务量过大，以至于很担心会出现疏漏，不能完成客户的重要工作。我们讨论了他处理开放式文件的程序，我建议他使用项目管理系统，以此记录所有的细节。在短短一周之内，这名律师就告诉我该系统非常有效，以至于他几个月以来第一次能睡好觉。

最后是防止误解的说明。在技术与传统观点的共同作用下，很多律师相信自己可以独立完成工作。文字处理和账单处理软件、语音信箱、电子邮件和其他电子工具可以提供灵活性，但是如果企业家认为"我可以独自处理 100 个案件"，这种灵活性就会带来危险。如果关注技术的律师在每次处理完成任务时都说："我只需要花费 10 分钟就能完成。"其结果可能会令人不知所措，进而导致律师公会纪律制度的监管，甚至会造成破产。在所有类似的情境中，教练将是非常客观的宣传媒介。

教练最伟大的成功是什么？为什么？

这里应该考虑两种情况。一种情况是以金钱作为评估标准，另一种情况是以个人成就作为评估标准。

首先，金钱标准。我曾教练过一名律师，她希望提高自己的业务数量，以便达到更高层合作人的水平。尽管她是法律公司的经营合伙人，但是她的能力仍然比不上高级合作伙伴。当我们讨论和策划业务发展策略时，高层合伙人突然宣布即将退休，并希望与客户进行销售谈判。我们讨论了她将在协议中提出的几个要点，并演示了整个谈判过程。因为我们之间的距离很远，所以只能通过电话联系，但是这种方式非常有效，因为我们已经建立起了信任和坦诚。由于准备充分，我的客户在谈判中实现了自己的目标。但是，随后出现了一个问题：在未与我讨论的情况下，我的客户接受了高层合伙人所坚持的一项条款。当他告诉我时，我告诉他这项协议非常重要，但这个条款会造成不利影响。确信无疑的是，高层合伙人使用该条例是为了中断该协议。我的客户在周六早上非常恐慌地给我打电话，在长达 45 分钟的对话中，我提出的策略可以帮助她逐渐平静下来，并告诉她如何成功地走下去。这属于不断发展的、非常成功的教练关系，其基础是她非常信任我的建议和劝告，因为我在这个行业中拥有丰富的经验，而且我愿意聆听她的目标，并帮助她工作，而不仅仅是向她发出指令。

另一种成功的教练关系可以帮助一名同事发展成为企业的合伙人。这里的问题主要涉及我的客户与律师之间的关系，该律师惹怒过我的客户。我们提出了一系列的想法和建议，主要是关于如何应对挑战以及对律师不切实际的需求。一段时间以后，我意识到我们正在处理一种关于客户和律师的关系模式。获得客户的同意之后，我询问了关于他前几年工作的某些问题。我能够证明这名律师只是一个催化剂，从而引发了这场冲突。如果我的客户能够意识到律师是他以往问题的催化剂，考虑新的应对方式，也许他能够改变这种关系的发展动态。因为我可以从全新的角度观察这些问题，并为客户提出解决问题的办法，所以他能够停下来选择更合适的办法……同时改变这种关系的动态。在随后的几个月内，他被邀请进入了合伙关系。

采访 3

吉多·奎尔 (Guido Quelle) 博士
经营合伙人，Mandat 咨询集团
德国多特蒙德市

在教练经理人员和高级管理人员时，最困难的方面是什么？

我们需要重点考虑以下三个方面，以确保对经理人员或高级管理人员的成功教练。

1. **可用的时间。** 管理者在组织机构中达到较高层次之后，用于教练的时间是他们必须解决的主要问题。教练必须非常优秀，以便证明财政投资和时间投资的有效性。必须在正式会议和教练可联络性之间实现平衡，这样的话客户可以随时得到教练的帮助。时间是需要优先考虑的问题。如果经理人员或高级管理者认为教练帮助他们在某些特定领域获得了更大的成功，时间问题就变得不再重要了。

2. **受教练者的经验和他们的成功经历。** 大多数经理人员和高级管理者将根据以往的成功获得新的职位。这种情况既有好处，又有不足，因为有些管理者在组织结构中已经达到一定的高度，他们通常认为自己不再需要继续学习。随着职位的不断升高，公开向高层管理者提出自己想法的员工数量越来越少。

   除此之外，人们经常认为帮助管理者获得成功的模式和程序将继续推动他获得更多的成功，这种说法有时候是不能信以为真的。绝不能相信以往经验可以解决未来问题的假设。优秀的经理人教练能够识别以往的成功，而通过提出引起争议的问题，可以拓宽高层客户的眼界。

3. **主题的复杂性和执行的复杂性。** 客户在组织结构中的层次越高，与教练所讨论的主题就会越复杂。成功的经理人教练的特点是稳定的、从高到低的过程。在教练的帮助下，客户将整理现有的问题，并设定优先顺序，始终考虑解决这些问题所需的时间和精力。经理人不会总是希望深入研究既定主题的所有方面。不过，这种深度研究有时候是非常有必要的，只是为了全面掌握某个主题。尤其是在教练高层经理人时，必须关注某些主题对教练(客户)层次的内在影响。

优秀教练具有哪些重要优点和突出优势？

我曾在 100 多家国有和跨国企业中执行过 300 多个不同的组织发展项目，从中确定了优秀教练必须具备的 7 项技能。

❶ **作为管理咨询师的经验。**如果教练缺乏作为管理咨询师的经验，他在设想和执行复杂的组织发展项目时有什么优势呢？仅仅提供教练服务的教练如何了解公司的详细情况？他如何了解客户最关注的主题？教练不仅仅是一门学科，还是咨询的另外一个方面。优秀的教练可以提供教练、咨询和执行服务(在必要的情况下)。这时，教练所收取的费用才是值得的。

❷ **持续关注结果。**很多教练通常只关注教练过程。他们按照小时数收取费用(过低)，并没有真正参与到客户的目标中。在这种收费方式下，教练考虑的是提供的服务，而不是服务的质量。成功的教练只关注客户的目标和实现的结果。他们根据价值收取既定时间内所提供服务的费用，而不会考虑会议、电话、网络电话、传真、电子邮件等联络方式的使用频率。真正起作用的是教练的结果。

❸ **不要奉承别人。**高层次客户的周围有很多奉承者。优秀的教练是很勇敢的，同时非常博学，他们会提出并证明完全不同的观点。他可能感到不舒服，却不得不这么做。教练与客户的合作不是为了闲谈，而是找到获得更大成功的方法。

如果教练总是同意客户的观点，这个目标是很难实现的。

④ **坚持自己的观点。** 优秀教练的思考速度非常快，同时能够提出从未被考虑过的新观点。这种灵活性促使客户开始以全新的角度考虑问题。因此，重要的创新能力就得到了有效的释放。

⑤ **具有幽默感。** 幽默是处理困难情境的有效方法。优秀的教练能够与客户一起大笑，即使有些情境看起来非常困难。充满智慧的幽默曾经解决过很多难以处理的问题。

⑥ **可以联系到。** 的确，这是非常容易做到的事情，但是很多教练看起来并没有认识到高层次的客户所面临的问题并非总是预先计划好的。在很多情况下，一条建议在几小时之内是必要的，或者至少是有用的。优秀的教练将为客户提供各种联系自己的方式；同时，如果有必要的话，他会在周末结束后、假期中或从国外赶到客户身边。

⑦ **对某人的工作充满热情。** 客户很容易判断一名教练是否对他的工作充满热情。不过，教练的热情并不局限于当前的任务，还包括教练恰巧对这个主题很感兴趣。优秀的教练对客户的成功充满热情。但是，很多教练仍然把自己的工作看成是需要处理的行政任务。这是普通教练与优秀教练之间的重要区别。

教练企业家与企业所有人的关键是什么？

在教练高层管理者时需要考虑很多问题，而在教练企业所有人时也需要考虑这些问题。这里的问题是，即使在中型和大型的所有人经营的企业中，人们通常只关注某些个人。在很多情况下，所有人经营的企业拥有与行星系统相类似的结构：中间是太阳，所有行星都围绕着太阳旋转。

在很多营业额达到上亿欧元的企业中，员工很尊敬企业所有人。"如果将来能达到当前老板（已经70多岁）的能力水平，那就太好了。"或者："老板所知道的和能做到的都是难以置信的。"

这些话都是我在所有人经营的企业中经常听员工说的。相反的结论是：老板的能力非常强，没有人可以企及。这是一种非常危险的谬论。

如果想成功地教练创业者和企业所有人，必须记住客户与自己的企业之间具有明显的情感连接。你可以解雇一名管理者，但你不能解雇创业者。这就造成了巨大的差异。一般说来，创业者所关注的不是自己职业生涯的下一步，而是他自己的企业。

除此之外还必须记住，教练在教练创业者时必须熟知委员会工作，同时必须能够解决公司政策方面的问题。在很多情况下，教练将不得不在单个家庭成员之间发挥调节者的作用，或者明确咨询委员会的定位。年长的创业者非常喜欢聘用教练，其目的是解决公司中职位继承的问题——有时候此项工作的启动时间过早。与关于创业者的设想不同，如果最佳解决方式不是在家庭内部发现的，那将是一个很棘手的问题。

优秀的创业者教练不但拥有基本的专业与个人技能，还要有帮助他解决敏感问题的天性。此外，他们还知道，与创业者确立信任关系要比与管理者确立信任关系需要更多的时间。

采访 4

凯莉·理查兹 (Kelli Richards)
技术与娱乐方面的咨询师和教练
All Access 集团
美国加利福尼亚州萨拉托加

在教练工作中使用技术将发挥什么作用，或者具有怎样的优势？

在教练客户时使用技术，技术变成了一种奇妙的东西。技术解放了教练，使得他们能够围绕自己选择的生活方式而不是其他方式建立一种实践模式。它帮助客户通过电话开展工作，进而在他选择的任何地区生活和工作。此外，技术还可以帮助客户加快回应速度，通过电子邮件快速做出反馈。通过电话的方式接受教练将比开车去见教练方便得多。

优秀教练具有哪些重要优点和突出优势？

要想成为一名出色的教练，几种基本的特质是非常重要的。第一种特质是情商，即具有独立的人格，能很快恢复活力，并能成熟地、客观地利用情境。我认为，注意聆听他人也是很重要的。我这里指的是使用眼神交流和肢体语言（如果见面的话），认真倾听你的客户，全面关注你的客户及其提出的问题，以此向客户表明你将尽全力帮助他实现预期结果。

此外，你经常会对客户的发展目标提出设想，这种设想所代表的可能性或选择要远远大于客户本身的设想。

解除合约并终止教练关系的最佳办法是什么？

如果你对教练结构缺乏固定的时间期限，那么你与客户需要确定教练时间表。在更加有效的做法中，客户会表明他已经做好了教练准备，或者你可以感觉到客户的需求已经得到满足，进而鼓励他继续发展。健康的教练关系强调客户的完整性和目标的实现，其目标不是培养他们对教练产生反常的依赖，而是认可并鼓励客户的成功和自我（或职业）发展。

通过双方之间的互动，你与客户的生活都变得更加充实，而你本身也会得到发展。

采访 5

帕特·林奇 (Pat Lynch) 博士
Business Alignment Strategies 公司总裁
美国加利福尼亚州长滩

你对教练学校和证书有什么看法？

我认为，大多数教练学校和证书都是为其所有者创造财富的工具。在教练领域中，人们还没有普遍认可和接受证书授予权，很多人可以提供所谓的教练证明项目。事实上，很多此类项目只是训练人们不同的教练能力。会计领域中有注册会计师 (CPA)，金融投资领域有特许金融分析师 (CFA)，而在人力资源领域有人力资源高级职业人员 (SPHR)。与此不同的是，没有任何一家独立的组织被确认为广泛接受并认可的教练实体，也没有任何一家组织能证实个人已经完全掌握了教练知识——授予教练资格证明的先决条件。在与人力资源认证协会 (HRCI) 合作了 8 年之后，一家组织为人力资源专业人员推出了广为认可的、可接受的证书项目，我首次注意到了在创立可信的、有效的证书程序方面的严谨性。颁发证明的组织独立于可以提供教练培训的实体，这是建立可信度的重要因素。因此，有些证明项目专门提供某些具体的教练课程，这是一个很危险的信号。此外，我还没有看到任何证据可以证明这些教练领域的称谓能够真正区分优秀的教练和差劲的教练。

人们需要正确地区分两个术语，即证明和证书，它们的含义是完全不同的。证书是一张代表着参与者参加最低限度课程数量的纸，它与个人的教练技能毫无关系。另一方面，证明更像是大学毕业生拿到的文凭，他们必须达到某种标准才能获得。证明代表其持有者已经获得了该领域中一定数量的知识，以具体、严谨的方式展示了这种知识，并通过满足常见的换发新证的要求，维持和提高他们的知识水平。此外，证明显示出正在进行的学习和对主题的掌握，已经获得证明的人通常必须遵守所在职业领域的道德准则。我在任何教练证书项目中从未看到过此类被广泛接受的道德准则。

在出现广为认可和接受的教练知识体系、独立的测试组织和教练道德规范之前，任何项目都不能声称可以提供明确的教练证明。在建立此类可接受的标准时，相关的困难包括组织中缺少教练"功能"以及教练专业的多样性，例如经理人教练、生活教练、书法教练、体育教练等。我支持人们积极学习如何提高教练效率，同时鼓励他们深入理解"认证"称号的真正含义，以及该称号能否提高他们的能力并帮助他们发展成为优秀的教练。

解除合约和终止教练关系的最佳方式是什么？

解除合约和终止教练关系的最佳方法是，在开始时就把合约设计成一个过程，其中包括可以测量的结果，以及具体的开始时间和结束时间。我通常把自己的教练合约设计为 6 个月，这段时间足以取得预期的变化。我不相信无时间限制的教练任务，这种任务可能会演变成相互依赖的关系。我在教练合约中的目标是，通过自己的努力帮助客户获得可以测量的改进，而不是使他变得依赖我的支持。

在教练开始前就设定合约的结束时间将强化这样的概念：我们的教练安排有时间限制。我与客户共同设定具体的目标，其中包含可以测量的结果，这样我们就可以评估进程和完成情况。定期审查这些标准强调了这样的事实：合约关系肯定会结束。我希望通过对比客户刚开始的状况与现在的状况，确定是否终止当前的教练合约，同时庆祝我们所取得的成绩。

我会为自己的教练任务设定具体的时间框架，也会在某些情况下重新签署教练合约（如在具有明确需要，或者确定延长教练时间可以实现客户的最大利益时）。通常情况下有两种局面。一种是客户并没有实现预期目标，这可能是因为实现目标的时间框架是不现实的，或者行为的变化速度远远低于预期水平，或者客户控制范围以外的事情超出了目标的优先权。在这种情况下，我们决定续签教练合约。随后，我们研究了目标和测评标准，在必要的情况下做出修订，并设定新的终止日期。如果客户实现了目标并确定了自己希望实现的更多目标，就会出现第二种局面。发生这种情况时，我们将确定新的目标和测评标准，并设定具体的终止日期。

最成功教练任务的解约曾经是喜忧参半的：客户已经实现目标或者朝着目标做出重大的改进，所以我们的合作已经完成。对于他们的成功，我们会有一种成就感，同时会终止合作关系。

这种情境非常类似于我在大学当教授时参加的毕业典礼：我为学生所取得的成绩感到自豪，同时看到他们即将离开又感到难过。我知道我们之间的合作已经结束，他们应该开始独自发展，而且他们处理挑战和机遇的能力已经远远超过刚入学的时候。同样，当经理人和企业所有人已经得到了改进自身情境所需要的帮助时，他们就应该庆祝自己的成功并继续发展。

采访6

琳达·波普吉 (Linda Popky)
Leverage 2市场协会主席
美国加利福尼亚州雷德伍德城

在教练工作中使用技术将发挥什么作用，或者具有怎样的优势？

技术能够以多种不同的方式转变教练。

在过去，我们经常受限于这样的事实：必须通过一对一的当面教练才能建立起稳固的信任关系。通过举行会议才能相互了解，读懂对方的肢体语言和细微差别，以及理解沟通风格。

出差不再是必要的因素。随着今天技术的快速发展，我们无须乘坐飞机或火车到达同一个地方就可以建立这种信任关系，同时可以捕捉到很多微妙的细节和差别。

利用远程教练工具，我们不但可以节省时间和金钱，而且可以利用这些工具与远程客户建立紧密的联系，而在过去我们只能通过传统方式才能做到这一点。这在教练全球化方面开启了一系列全新的可能。通过使用电子邮件、短信息社会媒介、音频、视频和网络摄像头等工具，我们可以更快、更准确地对教练客户做出回应。远程工具大大提高了教练的可得性，同时降低了成本，并为双方提供了高质量的视频经历。

此外，当接受教练的个人在进行正常的商务互动时，教练可以利用技术对他们进行观察。我们可以在不影响他们互动的前提下观察并提出改进或介入建议。潜在的行动或纠正行为可以通过较短的音频或视频完成，而参与的个人可以进行录音，以便将来做出反馈时使用。

人们的学习风格各不相同。有些人喜欢通过电话或电子邮件进行远程教练，而不愿意与教练进行面对面的交流。有些人喜欢通过视频或音频得到反馈，而不喜欢坐在对面的教练直接给出反馈。

利用便利的、支付得起的宽带服务，音频和视频等工具的成本大幅度降低。我们可以很容易地录制互动和对话过程，并把这些文件上传到网络上。翻转摄像头等价格低廉的视频工具取代了昂贵的第三方摄像人员，使得教练本人就可以快速、有效地捕捉到互动过程。

此外，由于以网站为基础的工具在过去几年里快速发展，人们不再犹豫或拒绝使用这些新技术。

顾客注意：不要为了技术而使用技术。我们需要注意，不要仅仅因为存在技术而盲目使用它们，而应该在可以增加价值的前提下谨慎使用恰当的技术。我们必须谨记，教练本身是第一位的，技术仅用于改进客户状况。

教练创业者和企业所有者的关键是什么？

创业者和小企业的所有者不同于大中型企业的所有者。为了提高他们的教练效率，我们必须明白他们为什么倾向于创业或身处小企业的环境。

处于成长阶段的小型企业的发展模式不同于大型组织。创业者非常重视交付产品以及与客户达成交易的能力，同时会努力完成下一轮的融资计划。

小企业的所有人通常会亲自参与多个业务范畴，这样做的原因是他喜欢亲身实践，或者他缺乏足够多的下属员工。大型组织的管理者通常不参与具体事务；而在小型企业或刚刚成立的企业中，所有人通常会亲自参与具体业务。

从本性上讲，创业者既喜欢亲力亲为，又充满热情。他们完全相信自己公司的产品和愿景，而且他们把公司的成功看成是自己的使命。这是他们自己的企业，无论成功与否。

但是，有些优势可以帮助这些人发展成为成功的创业者，但这些因素也可能阻碍企业长期成功所必需的商务关系和活动。他们不善于完成企业经营所需要的某些任务和活动，也无法推动企业实现更大的发展。他们把自己看作领导者和梦想者，而不是管理者。

如果组织获得了外来资金或风险投资，此时会出现一个重要的转折点。除了投资，随之而来的还包括建议和参与，其中有些看起来很有帮助，但有些毫无价值。这种情况的结果是，现在需要对投资者负责，需要经营企业，同时需要考虑退出战略。

并非所有的创业者都是可以教练的。这并不是因为他们具有无法纠正的错误，而是因为他们不愿意接受建议和反馈，也不愿意为了关注更重要的战略工作而放弃对日常工作的控制。在这种情况下，教练所能做的最重要的工作是，尽快确定自己能否帮助客户改进状况；否则，这家公司与这名经理人将很快分道扬镳。

如果企业所有人或创业者愿意接受教练反馈，那么教练可以集中精力帮助他们理解自己的优势和不足，认识到自己所擅长的领域，进而确定自己需要在哪些方面做出调整和改进。

具有讽刺意味的是，在与创业者合作的过程中，最具有挑战性的部分是如何帮助他们认识到成功的分支。他们需要接受这种可能性：如果他们获得了巨大成功，继续发展自己的企业，可能意味着他们不再是最佳的管理人选。作为一名教练，你的任务是帮助他理解发展与失败的含义，同时准备好采取相应的行动。

教练如何得到教练？

无论是教练，还是客户，改进是一种终身性的事业。因此，教练必须持续接受可以改进自身行为的指导。实际上，对于那些声称自己不需要学习或改进自身能力的教练，我一般会持谨慎态度。

我非常喜欢弹奏古典的钢琴曲，但是曲子数量非常多，而我的时间却很少（尤其是当你只能在业余时间弹琴时）。我知道，自己不仅需要接受来自资深老师的教练和指导，还需要向那些正在向"大师"学习的老师学习，而这些大师经常指导其他的老师。

这是因为，这些老师从"大师"那里得到的指导不仅可以帮助他们改进自己的能力，还可以帮助他们学会如何更有效地把自己学到的传授给其他人。反过来，这将促使他们成为更高效的老师，因为他们可以同时感受这种传授关系的两个方面。

在商务教练领域，我们的世界在快速变化，不断出现新的技术，商务环境瞬息万变，信息获得量也越来越大。无论我们拥有多么丰富的经验，仅仅依靠现有的训练和知识绝不可能提供高效的教练。

自知之明是职业发展的重要部分，但是我们都需要其他人对情境提出外在观点和不同视角。优秀的教练知道，与客户能从教练中获益一样，教练也能从中获益，其原因是完全一样的。教练的教练所持有的观点可能是教练本身并不持有的。

为了获得成功，教练必须找到自己可以信任的、更高级的、经验丰富的专业人员，他们具有较高水平的洞察力。教练的教练应该关注流程改进，传授相关的内容，并提供相应水平的指导，这将帮助教练加快自己的发展和学习速度，同时持续改进他们客户的状况。

采访 7

韦恩·麦金侬 (Wayne Mckinnon)
麦金侬集团
加拿大渥太华市

在教练经理人和高层人员时，最困难的是什么？

具有讽刺意味（或者意料之中）的是，从教练中获益最大的人也是那些投入时间最少的人，或者是那些将教练看作速成课的人，其无须花费过多的时间，只需消化吸收速成课中的知识，就可以产生长期效果。教练这些人的难度通常是非常高的。

他们不停地参加会议，根本没有时间考虑正在发生的问题、他们在组织中的角色以及他们收到的建议等。这不应该与思维敏捷的人相混淆，他们通常做事果断，做出英明的决策，同时非常重视其他人的建议。应该把那些需要他们有所行动或参与的业务与那些需要判断力和影响力的业务区分开来。组织中的所有人都应该能够写作、检查语法问题并确保会议能准时结束。为了确保正在讨论、描述、执行、交付和报告恰当的主题，人们必须具备更好的视角，以及对高层人士做出准确的判断。

能否对自己和教练坦诚自己未做出改进的原因也是一个难题，这个问题经常被"我太忙了"等回答所掩饰。如果需要做出改变，而有些人试图避免这种变化，忙于应付会议和工作任务看起来是一个转移注意力的常见策略。

有时候，一个人被测评的方式将影响这种行为。他的上司把任务委派给他，而他应该把这项任务委派给别人，但是所使用的语言和测评标准可能会说："这项任务必须由你完成。"在我的职业经历中，这类曲解代表着少数但却很重要的人员，其通常会按照字面意思完成要求和命令，并不能领会其真正含义，这种含义可能是："我把这项任务交付给你，你可以带领自己的团队完成。"

在很多情况下，有些人完成自己正在负责的工作时缺乏个人能力和团队能力，因为他不够果断和缺乏战略，无法发展这个团队；他缺乏刚毅的精神，无法关注最应该完成的任务与他可以努力完成的任务之间的区别；或者他在确定能做什么和不能做什么时不愿意向后退。经理人可以从教练中获益最多，但他们却是最难教练的。

你最有趣或最奇怪的教练经历是什么？

我曾经教练过一名高层经理人，帮助他解决自己所管理的职能团队之间的冲突。我的客户采用了我的建议，使得这两个团队开始合作设计、发行和支持新的服务，同时解决曾造成该客户同事（一个团队的领导者）遭到解雇，而我的客户（另一个团队的领导者）却晋升到当前高层职位的失常情况。

新的流程推出之后，一切都会稳步发展，跨界关系会进一步改善，而一系列重要的工作开始依次出现。

在与客户的直接互动中，我们努力实现持续改进，确定可以测量的结果，客户可以将其作为指标，以此说明他的新方法是有效的，同时找到有效的技术，确保我走之后他和他的组织不会后退。

我们曾在一起成功地工作了 6 个月，我在汇报现场观察结果之前确实认为我们取得了巨大的进步。除了我们所做的共同努力之外，我注意到其中一个团队在指责另一个团队造成了延期，实际上延期是由第一个团队造成的，而且这种延期很容易通过调整解决。一段时间之后，我发现自己被他们晾在一边。

后来我发现了这两个团队在他的管理之下的一些情况。我的客户曾经管理过造成延期问题的团队，而且他导致了另一个团队的领导遭到解雇，并帮助自己晋升到更高的职位。

尽管这个问题已暂时搁置，但他仍然瞒着我采取了一些行动，而且计划解雇第二个团队中的其他成员，取而代之的是他曾领导过的团队成员。他在很久之前就得出结论：第二个团队中有害群之马，他们造成了延期，需要把他们替换掉。

我曾不经意间向他透露了延期的真正原因和解决方案，而这一简单易行的方案与其施行的计划是相左的，现在他的计划以失败告终，他也明白了自己面临的是流程问题，而不是人员问题。很明显，我需要在其他人发现这点之前尽快消失。

采访 8

罗比·凯尔曼·巴克斯特 (Robbie Kellman Baxter)
Peninsula Strategies 公司
美国加利福尼亚州门洛园

在教练经理人和高层人员时，最困难的是什么？

我曾经发现，教练经理人和其他成功人士更加容易一些，原因主要包括以下 4 点。

① **纪律**。他们已经习惯于努力工作并实现目标。

② **回应性**。他们清楚自己需要完成的工作，并快速做出调整。

③ **灵活性**。因为他们已经处于相对较高的职位，所以在时间分配方面比较灵活，这样的话我们在做出改进时具有更高的自由度。

④ **影响力**。当一名领导者想做出改进时，其结果往往能够快速实现，而且范围较广，因此改进结果将非常明显，从而进一步推动其他改进。

不过，与高层人员合作也会面临特有的挑战。因此在很多情况下，尽管经理人会快速做出回应并理解问题，但他通常不愿意改变自己过去的行为模式。

例如，一名首席执行官之所以能做到头把交椅，主要原因是她非常关注收益结果，而且其效率高于其他同事。当她决定对企业进行变革时，她认真研究了这些数字并立即制订了一些重大的变革措施，但是她没有花费时间与自己的团队建立信任关系。我主要教练她变得随和，甚至学会"浪费"时间，参加午餐会议时提前到达并与团队成员聊天，或者下班后与工程师们出去喝一杯。尽管她肯定有能力做出这些改进，但是她担心其影响可能过大：她可能需要占用以前花费在客户身上的时间、分析结果的时间和设计产品的时间。确实很难促使她做出这些改进。

此外，高层人员通常被严密监督着，他们担心如果自己在新策略方面犯错误的话，将被看成是失败或欺骗。

一家成功企业的年轻创立者曾经很难走出首席产品官和销售人员的角色，因为他担心如果自己不能全面管理的话，公司可能不会成功。不过，他所需要做的是后退一步，并要求各部门领导尽快承担起自己的职责。他担心如果自己后退一步的话，员工可能认为他很软弱，甚至对公司的未来成功无关紧要。其实，后退一步只是让自己可以开始考虑公司的未来战略。

巨大成就与一般成功之间的区别在于愿意尝试新事物或冒险，对高层经理人尤其如此。随着他们在领导角色确定自己的位置，很可能会变成风险规避型。

优秀教练具有哪些重要优点和突出优势？

一名伟大的教练在你所制定的流程方面很有经验，善于聆听他人，很快做出回应，对工作充满热情，同时你与他必须具有紧密的联系。

- ▶ **经验**。最优秀的教练熟知自己所教练的内容。正如艾伦所说的，他们就像是你前面的滑雪教练。你知道他们非常熟悉自己所讨论的内容，因为他们正在做这些！

- ▶ **聆听技能**。大多数教练都是优秀的聆听者。他们听取你的具体问题并做出回应。他们通常简洁明了，表达清晰，前后一致，更重要的是他们非常直接。当你与教练一起工作时，你希望有人指出自己所做的到底是正确的还是错误的。

- ▶ **回应**。教练会做出回应，而且可以联系到。你可能需要自

己的教练时刻做好准备，可以随时通过电话或电子邮件进
行沟通。

▶ **热情**。优秀的教练对受训人员充满热情，看到自己的客户
通过教练取得改进后会受到激励。当你问他们为什么从事
教练工作时，他们通常会这样说："因为我非常喜欢。"
或者说："因此我能做，而且带来了很多变化。"

▶ **关系**。你希望与自己的教练建立真诚的以及有时候对抗性
的关系。因此，教练必须是你认为可以信任和尊敬的人。
我建议你面试几个教练后再做出决定，同时关注你与他之
间的合作方式。你愿意打电话给自己的教练，并且认为他
是值得信任的人。

尽管我的职业是为他人提供咨询，但是我也有自己的教练（艾
伦是我的主要导师，而且在过去几年里一直都是），他帮助我时刻
关注自己的目标，并告诉我什么时候应该提高效率。

采访 9

莉比·瓦格纳（Libby Wagner）
Libby Wagner & Associates 公司
美国华盛顿州西雅图市

为什么有些人是无法教练的？

其原因主要有三点：不愿意改变自己的行为模式；自我反
省或自我评估的能力较差；以"受害人模式"指责他人的强烈
欲望。这些原因使得教练几乎不可能执行，或者至少存在难以
置信的困难。

第一种无法教练的特征是不愿意改变自己的行为模式，其所
产生的结果将与此人目前的状态完全一样，那么为什么要浪费他
的时间呢？发展中肯定会涉及风险，这意味着此人必须根据教练

目标做出某些行为改进，例如沟通模式、决策模式、授权等。

第二种无法教练的特征是自我反省和自我评估的能力较低，这表明存在重要的盲点或者其他阻碍发展的认知或个性特质。此外，因为学习和发展都会涉及自我评估——"嗯，好像发展得并不顺利，我怎样才能改变这种局面呢？"或者："确实有效！我应该再做一遍。"教练客户必须具备一定的反省能力，以便证明自己正朝着既定目标努力。

第三种无法教练的特征是有以"受害人模式"指责他人的强烈欲望。如果有人拒绝摆脱受害者思维，你的教练工作很可能会转向他对自己被轻视和误解的抱怨、悲叹和呻吟。这并不意味着组织障碍或紧张的关系不会阻碍人们的发展，而是说所有人都可以对正在发生的事物做出回应和选择，即使这种选择是非常激进的。

我们通过首次会见或电话就可以判断这个人是否可以教练，这是个好消息。一般情况下，我会提出一些比较激进的问题，以便快速确定我们能够建立有效的教练关系。这些问题包括：

❶ 我们的合作将如何改变你的领导能力？

❷ 你认为当前阻碍你更加成功的三大因素是什么？

❸ 你是否愿意接受反馈？告诉我你什么时候曾接受过能够帮助你改变行为模式的"好"反馈。

这三个问题的答案可以帮助你确定客户是否愿意做出改变、自我评估和获得所有权。

此外，我也曾遇到过少数无法教练的潜在客户。只有组织或高层领导认为有必要进行教练，他们才可能将教练看成是改进、获得职业发展或解决问题的方式。大多数情况下，拒绝教练的原因主要是担心失败、丢脸或无法达到自己的标准或期望。大多数人都是可以教练的。

教练创业者和企业所有人的关键是什么？

教练创业者与教练企业所有人（尤其是小企业的所有人）是相

类似的，他们经常受到习惯的困扰，这些习惯在战略行为和策略行为之间达到一种平衡。由于他们本质上都具有创业品质，例如独立性、良好的工作道德、创造性、创新性、缺少对细节的关注等，所以教练他们经常需要帮助他们建立体系或惯例，以此提高他们的纪律性。下面是有效教练创业者或所有人的 4 个关键要素。

1. **认识到他们做出的任何决策都来自他们自己的考虑角度。** 这可能看起来很明显，但是自立的人会努力打造自己独立的、自我推动的生活，他们拥有自己的个人目标和决策重点，无论如何利用自己的资金、时间和发展机遇以及其他问题。最初，他们可能不愿意在教练方面投资，因为这看起来像是很高昂的花费，而不是实现自身发展的必要方法。无论是有意地还是无意地，他们总是想知道："对我有什么作用？"或者："这些将如何推动我最迫切的目标？"你可以证明自我投资是获得长期成功的最佳方式，以此对他们进行教练和指导。他们经常要求教练更接近越来越难以捉摸的概念，即"工作与生活之间的平衡"。

2. **他们在管理和掌控时间方面需要帮助，因为他们经常认为亲力亲为将节省自己的时间和金钱。** 几乎所有的创业者和所有人曾经做过厨师、面包师和洗碗工。随着他们的发展，他们仍在继续这种行为，要么参与到已经交付给员工的工作中，要么浪费时间亲自设计自己的网站或整理自己的图书。由于需要处理运营问题和突发事件，他们越来越没有时间进行战略思考和创新。根据这种局面，有时候你的教练可以帮助他们区分工作的优先次序，并决定如何发展自己的企业，提高自己的幸福指数和改进自己的生活质量。他们的精力是会被分散的，因为他们希望亲自做太多的事情，你可以通过教练目标和后续指导帮助他们确定核心工作和职责，帮助他们执行可以推动体系化、提高效率和减轻工作强度的做法。

③ **他们经常努力落实和执行自己的战略**。这与上述第二点息息相关，他们之所以不能在战略思考、打造梦想和培养关系等方面花费足够多的时间，主要原因是他们正在忙着处理自己的工作。或者，他们在浪费时间忙于人物导向型的工作，这些工作甚至与他们的总体战略目标不相符。在大多数情况下，这与自信和自尊有很大关系，此外还包括纪律。当我们确信自己的愿景时，就会知道应该接受什么和拒绝什么。我们坚定这个信念之后，会蓄意采取某种行动，并根据需要进一步提高自己的能力。

④ **由于创业者通常都是"孤独的狼"，没有亲近的同伴，也没有互相让步的同伴关系，而且可能希望和你成为朋友**。优秀的教练对教练关系是否是严格的商务关系持多种不同的观点，而且对是否与客户发展朋友关系也莫衷一是。我自己也有很复杂的感觉，但是我曾做过的一件事是设定明确的界限，尤其是在联系时间方面，而且我努力坚守对自己的承诺。例如，创业者与小型企业所有人喜欢面对面交谈，而不喜欢通过教练电话交谈。我努力改变这一点，因为面对面交谈并不一定能为客户产生更多的价值，或者帮助我实现自己的工作量目标。我的教练包括领导力、沟通、团队建设、冲突解决、影响力等，它们都有自己的特点，这些技能会渗入私人生活，而且客户经常向我咨询如何管理自己的私人关系。我不拒绝回答问题，但是我也要确保自己知道教练（关注未来和发展）与咨询（我没有准备好或者不愿意做的事情）之间的界限。我经常跨过这个界限，并在有需要的时候介绍或推荐他人。共享个人信息或披露自己的往事有助于建立关系和信任；你与自己的教练客户处在同一种关系中，但必须确保关注点时刻都在客户身上。这里更多的是艺术，而不是科学，但是我在分享个人往事或轶事方面非

常谨慎，它们并不能对我们正在努力解决的与工作或生活平衡相关的问题有直接影响或提供一些帮助。

采访 10

安德鲁·索贝尔 (Andrew Sobel)
安德鲁·索贝尔咨询公司
美国新墨西哥州的圣达菲市

优秀教练具有哪些重要优点和优势？

我曾经采访过很多伟大的教练，他们具有完全不同的风格和教练方式。有些人直言不讳而且言语果断，而同样成功的其他人却非常善于言辞。有些人拥有自己独特的教练方法，它们非常虔诚地信奉这些方法，而其他人却具有较强的适应性。不过，我认为几乎所有的教练都为客户带来了五大核心品质。这些品质将帮助你有别于一般的职业人员。它们是移情作用、全局性思维、知识深度和宽度 (做一名多面手)、自我认知和无私的独立性。接下来，我们逐个进行分析。

1. **移情作用**。它是感知和感觉他人感情的能力。在教练工作中，我更广泛地考虑移情作用。为了更好地做到这一点，你必须成为一名合格的倾听者，即你必须通过提出有深度的问题并听取客户的回答，耐心地探究客户的情境和他面临的问题。如果你不能很好地产生移情作用，其他人就不会向你打开心扉，而你的建议只能来自对问题的不完全理解。

2. **全局性思维 (或综合利用信息的能力)**。它是成功教练的另一个重要标志。当你分析问题时，你可以将其分解成很多片断。不过，当你把所有片断再整合起来时，可以确定其运行模式和发展趋势。我的一位教练客户曾因工作中的很多小事故而十分困扰。我们可以简单地对其一一分析，然后得出可以解决各个问题的最佳建议。不过，我的做法是首先观察这些事故的共同点，然后将其绑定为一个客户从未真正遇到过的发展问题。因此，这些事故将逐个消失，如果我只是运用分析思维的话，可能不会得到这样的结果。简而言之，优秀的教练可以帮助客户清除所有不利状况。

③ **知识深度和宽度（即合成能力）**。提高合成能力的一种主要方式是发展成我所说的"多面手"。多面手有自己的核心专业，但同时拥有与该领域相关的广泛知识，他们是 T 型专业人员。真正优秀的教练是利用行业知识、流程或职能知识以及商业敏锐感进一步强化自己的教练技能。这种宽度可以帮助你将各种知识结合起来，这是全局性思维者的重要标志，可以帮助你从竞争中脱颖而出。

④ **自我认知**。由于教练具有私人性和一对一的特性，你将不得不处理自己的偏见、敏感话题、不安全感和其他小缺点，否则你可能会对客户的言行做出不恰当的回应。如果客户爽约、长期干扰你，或者他是在工作中姑息极权主义的上司，你的自我认知和自我理解能否帮助你做出有条理的、不带有感情色彩的回应？

⑤ **独立性**。伟大的教练都具有独立性，或者是无私的独立性。他们全力以赴帮助客户做出改进，同时具有绝对的客观性和独立性。客户需要知道，教练将永远把客户的利益放在第一位，同时会把自己的观点如实地告诉客户，即使真相可能会对客户造成伤害。

除此之外，还有其他一些技能和能力可以帮助你成为一名优秀的教练，例如智商、努力工作、沟通技能等，但是如果你想与众不同的话，这些都只是必要条件，却不是充分条件。另一方面，上面提到的五大特质可以帮助你发展成一名卓越的教练。

你对教练学校和教练证明有什么看法？

客户聘用教练的基础是他们的经验以及所能提供的价值。教练证明和认证对你的职业发展可能很重要，但它们并不能帮助你成为大师级的教练，也不能说服客户从众多教练中选择你。这种情况之所以存在，主要有以下三个原因。

首先，教练这种职业不同于会计、律师和医生。很多职业都具有全球认可的资格，例如会计的注册会计师 (CPA) 证书和医生的医学博士 (MD) 证书。这些都已经被广泛接受，因为所有获得资格认证的从业人员必须掌握一整套具体的知识。此外，有些职业还有公认的委员会和学会，它们有权制裁存在职业行为不当的成员。通常情况下，完成这些资格认证是很困难的，而且需要很长时间，例如需要花费 4 年时间才能完成医学院的学习。与管理咨询一样，教练实际上是一种职业，也是一种事业领域。没有单一标准的学位，任何组织都可以提供教练证书。与真正的职业证明相比，学位要求变得毫无价值。客户都很聪明：如果你拥有工商管理硕士 (MBA)、社会工作硕士 (MSW) 或哲学博士 (Ph.D) 等学位，他们知道你需要花费几年甚至更久的努力学习才能获得这些学位；他们还知道，教练证明可以在几周时间内获得。

教练证明可能对个人有用，其在市场上毫无价值的第二个原因与教练实践的多样性有关。例如，有些教练拥有心理学背景，他们关注行为问题，并帮助经理人终止可能阻碍其职业发展的反常行为。其他人可以称为绩效教练，他们拥有主题和行业技能，而且有能力帮助客户制定并实现目标。此外，还有一些人专门从事职业教练和高层沟通等领域。任何单一的教练证明项目都无法解决教练实践的多样性问题，正如一个两年制 MBA 学位不能保证毕业生都掌握了人力资源管理、金融和运营等知识。

最后，很多研究结果已经显示，客户在选择教练时最重视的是工作经验。他们会问："你是否具备完成这项特定教练任务的必要技能？"例如，由于我具备相关背景和声誉，我经常受聘并与经理人合作解决企业发展和员工关系等问题。在向客户推介自己时，你应该关注他们所关心的问题。他们可能会问：

1 你是否具备完成此项任务所需要的管理经验、职能或行业技能以及教练经验？

2 你是否具有相关的成功记录？或者来自以前客户的口头推荐或正式推荐？

3 你是否拥有其他学位或证明，以显示你在不断地强化自己的技能？例如，商务、心理学等相关领域的毕业证书？

教练学位或证明可能只是你所提供资料中的一小部分，它们在技能发展和关系网络方面将为你提供很多支持。不过，对于你的客户来说，与其他聘请你的因素相比，它们会黯然失色。

采访 11

丹·威丁 (Dan Weedin)
托罗咨询公司

在教练工作中使用技术将发挥什么作用，或者具有怎样的优势？

有些经理人教练和企业教练并没有充分利用技术，他们投入了自己太多的时间，但并没有在最大程度上帮助客户。在技术方面的领悟能力较差并不是一个可以接受的理由。对于教练和客户来说，技术具有非常强的优势。

在教练中，使用技术主要有以下三种优势。

1 **教练对问题或事件做出快速反应的能力得到提高。**例如，短信息提供了几乎同步的联络。正在接受教练的人可能需要立即得到回答，因为他将参加一个非常重要的会议，或者正在准备上台演讲。短信息的使用可以帮助教练提供简单但有价值的回应，从而可以及时地帮助客户。

最近一名客户在会见重要的潜在客户之前向我发送了一条短信。他很喜欢发短信给我，因为有时候他的手机信号比较差。我很快就回答了他的问题，而他最终顺利达成了销售协议。

② **技术缩短了距离，拉近了人与人之间的关系。** 随着 Skype 和 Go to Meeting 等软件平台的发展，教练与客户可以随时随地面对面交谈。我们的社会变得越来越可视化，而面对面会见的重要性进一步改进了教练与客户之间的联络和关系。

我在其他州的一名客户遭遇了与风险管理相关的经营问题。我能够通过 Go to Meeting 平台展示我的流程画面，并解释这个概念。他的需求很快得到有效的解决，而我从没有离开过自己的办公室。总共花费的时间大概只有 15 分钟。

③ **对于忙碌的人来说，教练变得越来越有吸引力。** 很多咨询师和行业专家都可能成为出色的教练，但他们曾经不愿意从事教练工作，因为他们认为工作量会越来越大。随着科学技术的持续发展，回应客户需求的方式越来越高效和快捷，从而使得教练变得越来越有吸引力，成为一种重要的收入来源。这种发展的结果包括改进了很多客户的职业生涯，他们从这些专家那里获得了大量帮助。关键在于技术帮助客户获得需要的答案，从而使他们得到改进。同时，通过降低劳动强度和减少差旅时间，提高了教练的工作效率。随着技术的发展，教练将有更多的机会向更多的客户提供更多的价值，这是毫无疑问的。

优秀教练具有哪些重要优点和优势？

每一位真正优秀的教练，无论是在商界还是在体育界，都有自己的重要优点和优势。根据他们的独特个性，这些人会以不同的方式表达自己。下面是我认为最重要的 9 个品质。

1 **完美的倾听者。**教练不能陷入自己的噪声之中。他们必须能够前摄性地倾听客户，但不能预先决定他们的回应。要想成为一名优秀的倾听者，你必须有耐心、幽默感和自我控制能力。真正掌握这种品质的教练可以为客户提供更多的价值，同时推动自身事业的发展。

2 **表述情境的能力。**客户在困惑或不知所措的时候会打电话给教练。优秀的教练必须能够理解混乱的情境，并以容易接受的方式对其进行表述。在我的职业经历中，我的导师曾经这样做，他帮助我控制看起来很棘手的问题，并将其分解为最简单的形式。这样的话，问题就会变得很容易处理。

3 **不只是提供答案。**"授人以鱼不如授人以渔"的道理适用于此。在很多情况下，客户希望很快得到解决办法。优秀的教练将引导他们朝着正确的方向努力，进而帮助他们自己学习整个流程。

4 **优秀的沟通者。**对于优秀的教练来说，表达清楚、准确和精炼是重要的优点。教练向客户传达信息的效率越高，客户得到改进的速度就越快。

5 **曾经这样做过。**任何伟大的体育教练都曾经从事过该项目。在商务教练中情况也是如此。任何教练的优势都是自己的经验。客户必须将教练作为自己的努力方向，否则就是在浪费时间。

6 **可以联系到。**出色的教练必须是可以联系到的。如果客户在最需要的时候不能依赖自己的教练，将严重影响他们之间的关系。为了获得充分信任和预期结果，确定最基本的沟通和联系是至关重要的。

7 **诚实的。**如果教练在评估和给出建议时不诚实，会给客户造成不利的影响。任何出色的教练都应诚实；不过，真正优秀的教练能够快速、有力地将这种信息传递给他们的客户。

⑧ **移情的**。出色的教练会感知自己的客户。如果教练能够
　　与客户情感相通，将有助于建立强有力的关系，推动双
　　方更为开诚布公的沟通。

⑨ **持续发展**。你不希望教练认为自己已经学到所需要的所
　　有知识。客户希望教练不断督促自己学习、发展和成长。

　　这种超级角色不但已经成为典型，而且可以确保教练永远处
于该行业的前列，这正是客户所需要的。

教练创业者和企业所有人的关键是什么？

　　所有人都需要一位教练。创业者和企业所有人很难找到自己
的教练，因为他们认为自己不需要任何帮助，或者他们过于自信，
不承认自己需要帮助。如果这是你的市场，或者你希望它成为你
的市场，在教练创业者和所有人时你必须牢牢记住三个关键因素。

① **很多创业者和小型企业所有人并不熟悉教练模式**。他们
　　习惯于独自"操纵一切"。有时候，是否"能够教练"
　　也是一个问题。提醒他们，他们聘请你的原因是帮助他
　　们解决额外难题，如果可以独立解决的话，他们不会需
　　要你。他们可以忽视你，但是那将严重影响教练效果，
　　而且他们所得到的结果可能和以前完全一样。

② **有些创业者担心你缺少对他们所在行业的相关知识**。实
　　际上这是有益的。你没有受到行业思维的影响，这一点
　　有助于你为他们提供更有效的帮助。

　　　　我正在与一名餐馆老板商量如何帮助她提升自己的
　　品牌和营销战略。她说："丹，听起来很不错，但是我担
　　心你并不是很了解餐饮行业。"我的回答是："你说得对，
　　我不是很了解。但是，我却有很多在餐馆用餐的经历。
　　我知道它们依靠什么吸引顾客。"经过三秒钟的沉默之后，
　　她现场聘请了我。你的教练客户必须明白，你毫无偏见
　　的观点正是他们所需要的。

③ **你必须被看成是具有相同地位的人。** 如果你被看成是一种商品，客户对你就缺少尊重和信任。实际上，在这种情况下你可能不会被聘请。在你的整个教练过程中，你必须通过自己的语言、让步、质问和时间管理始终保持这种平等性。

对我来说，这是最难学习的方面。我来自保险销售行业，该行业中所有潜在客户都是对的，即使他们在大多数情况下是不对的。当你认为自己处于持续竞争中时，会尽量避免引起任何事端。我在后来的研究中发现，这正是帮助你从竞争中脱颖而出的关键。当我开始从事咨询工作时，曾经存在实现跨越的障碍，但后来我改变了自己的方法，进而克服这种障碍。在教练中需要同样的自信心，因为创业者不希望你是一名毫无主见的人。在他们的组织中，这种人已经非常多了。

后来的研究结果表明，这可能是帮助你从竞争中脱颖而出的关键。当我开始在咨询行业工作时，曾经遭遇过阻碍我实现跨越的障碍，但我通过改变方法获得了成功。教练中需要同等水平的自信心，因为创业者不希望你是一个毫无主见的人，因为在他们的组织中已经有很多这样的人了。